CW01024740

GUIA PRÁTICO
DOS
VERBOS PORTUGUESES

AUTORES

Beatriz Pessoa   Deolinda Monteiro

EDIÇÃO REVISTA E ATUALIZADA

7.ª EDIÇÃO

Lidel – edições técnicas, lda.

LISBOA – PORTO

e-mail: lidel@lidel.pt

http://www.lidel.pt (Lidel *on-line*)

(site seguro certificado pela Thawte)

Da mesma Editora:

— **PORTUGUÊS XXI**
Curso de Português Língua Estrangeira estruturado em 3 níveis: iniciação, elementar e intermédio.
Componentes: Livro do Aluno + CD áudio, Caderno de Exercícios e Livro do Professor.

— **PRATICAR PORTUGUÊS**
Atividades linguísticas variadas, destinadas a alunos de Português Língua Estrangeira de nível elementar e/ou intermédio.

— **OLÁ! COMO ESTÁ?**
Curso intensivo de Português Língua Estrangeira destinado a adultos ou jovens adultos.
Componentes: Livro de Textos, Livro de Atividades (que contém um Caderno de Vocabulário) e CD áudio duplo.

— **VAMOS LÁ COMEÇAR!**
Explicações e exercícios de gramática e vocabulário em 2 volumes (nível elementar).

— **VAMOS LÁ CONTINUAR!**
Explicações e exercícios de gramática e vocabulário (níveis intermédio e avançado).

— **NOVO PORTUGUÊS SEM FRONTEIRAS 1**
Destina-se a aprendentes principiantes, cobrindo as estruturas gramaticais e lexicais básicas do nível de iniciação e elementar. Inclui CD áudio duplo que contém as gravações dos diálogos, textos e exercícios de oralidade.

— **QUAL É A DÚVIDA?**
Livro de exercícios destinado a alunos de nível intermédio, intermédio alto e avançado.

— **GUIA PRÁTICO DE VERBOS COM PREPOSIÇÕES**
Dicionário de verbos com preposições e os seus respetivos significados. Contém mais de 2.000 verbos com preposições.

— **LER PORTUGUÊS**
Coleção de histórias originais de leitura fácil e agradável, estruturada em 3 níveis.

— **PORTUGUÊS ATUAL 1**
Destina-se ao ensino/aprendizagem de Português Língua Estrangeira, níveis A1 e A2, e pretende ser um livro de apoio, na sala de aula e/ou em trabalho autónomo. Inclui ainda um CD áudio.

— **GRAMÁTICA ATIVA 1 – Versão Portuguesa (3.ª Edição)**
Destina-se ao ensino de Português Língua Estrangeira ou Português Língua Segunda e contém explicações claras e aplicação prática das principais estruturas dos níveis elementar e pré-intermédio – A1, A2 e B1.

— **NA ONDA DO PORTUGUÊS 1 E 2**
Projeto pedagógico destinado ao ensino de Português Língua Estrangeira e Português Língua Segunda, dirigido a jovens alunos, que privilegia uma abordagem comunicativa por competências e tarefas.

EDIÇÃO E DISTRIBUIÇÃO

Lidel – edições técnicas, lda.

ESCRITÓRIO: Rua D. Estefânia, 183, r/c Dto. – 1049-057 Lisboa
Internet: 21 354 14 18 – livraria@lidel.pt
Revenda: 21 351 14 43 – revenda@lidel.pt
Formação/Marketing: 21 351 14 48 – formacao@lidel.pt/marketing@lidel.pt
Ensino Línguas/Exportação: 21 351 14 42 – depinternacional@lidel.pt
Fax: 21 357 78 27 / 21 352 26 84
Linha de Autores: 21 351 14 49 – edicoesple@lidel.pt
Fax: 21 352 26 84

LIVRARIAS: LISBOA: Av. Praia da Vitória, 14 – 1000-247 Lisboa – Telef. 21 354 14 18 – Fax 21 317 32 59 – livrarialx@lidel.pt
PORTO: Rua Damião de Góis, 452 – 4050-224 Porto – Telef. 22 557 35 10 – Fax 22 550 11 19 – delporto@lidel.pt

Copyright © setembro 2011 (7.ª Edição revista e atualizada); 1993 (1.ª Edição)
Lidel – Edições Técnicas, Lda.
ISBN: 978-972-757-792-7

Reimpressão de julho de 2012
Impressão e acabamento: Printer Portuguesa – Indústria Gráfica, Lda.
Depósito Legal: 346298/12
Pré-Impressão: REK LAME Multiserviços Gráficos & Publicidade, Lda.

Capa: José Manuel Reis

A Fotocópia Mata o Livro

Este pictograma merece uma explicação. O seu propósito é alertar o leitor para a ameaça que representa para o futuro da escrita, nomeadamente na área da edição técnica e universitária, o desenvolvimento massivo da fotocópia.
O Código do Direito de Autor estabelece que é crime punido por lei, a fotocópia sem autorização dos proprietários do copyright. No entanto, esta prática generalizou-se sobretudo no ensino superior, provocando uma queda substancial na compra de livros técnicos.
Assim, num país em que a literatura técnica é tão escassa, os autores não sentem motivação para criar obras inéditas e fazê-las publicar, ficando os leitores impossibilitados de ter bibliografia em português.
Lembramos portanto, que é expressamente proibida a reprodução, no todo ou em parte, da presente obra sem autorização da editora.

ÍNDICE GERAL

INTRODUÇÃO

A convite da editora LIDEL, realizámos este trabalho com a consciência da dificuldade em harmonizar a natureza de um manual prático de consulta com a amplitude da matéria em questão — a **conjugação verbal portuguesa**. De facto, as particularidades que a caracterizam são inúmeras, o que nos obrigou a uma seleção de **noções fundamentais** e a uma organização que pudesse responder, o mais exaustivamente possível, aos problemas que a utilização do verbo português levanta. E, sendo o verbo o núcleo da frase, utilizá-lo com rigor e saber é tornar mais eficiente, rica e bela a comunicação linguística.

Tendo ainda em conta um destinatário tão numeroso e heterogéneo, procurámos simplificar a linguagem, atualizar a terminologia e tornar este guia de fácil consulta.

As mais significativas particularidades da conjugação do verbo no Brasil foram sendo referidas ao longo do Guia.

Recorreu-se a um número reduzido de abreviaturas, a transcrição fonética é pontual — apenas em observações de rodapé nos verbos conjugados — e através de exemplos são clarificadas as **noções fundamentais**.

Esperamos que este Guia Prático dos Verbos Portugueses cumpra os objetivos que nos orientaram.

AS AUTORAS

COMO UTILIZAR ESTE GUIA

Para se informar acerca da conjugação de determinado verbo, deve procurá-lo na **Lista Geral dos Verbos**. Nesta, cada verbo é remetido para a página do verbo **modelo** e, eventualmente, para a das particularidades da sua conjugação.

Foram usadas as abreviaturas seguintes:

bras. — brasileiro	ind. — indicativo
conj. — conjuntivo	o m. q.— o mesmo que
fig. — sentido figurativo	perf. — perfeito
fut. — futuro	pres. — presente
imperat. — imperativo	pret. — pretérito
imperf. — imperfeito	

NOÇÕES FUNDAMENTAIS

O **verbo** é uma palavra variável, que desempenha na oração a função de **predicado**.

Exprime o que se passa:

1. um estado permanente: O Luís **é** meu irmão.
2. um estado transitório: O dia **está** quente.
3. mudança de estado: **Cai** a noite.
4. uma ação: O cão **ladra**.

Caracteriza-se por trazer em si uma ideia temporal:

1. **Escrevo** o teu nome.
2. Camões **escreveu** Os Lusíadas.
3. Daqui a pouco **escreverás** melhor.

FLEXÕES (CATEGORIAS) DO VERBO

O verbo é constituído pelo radical — quase sempre invariável — e pelas terminações, que variam segundo o **modo**, o **tempo**, o **número**, a **pessoa**, a **voz** e o **aspeto**.

MODOS — designam-se por **modos** as diferentes formas que o verbo toma para indicar a **atitude da pessoa que fala**, em relação ao facto a que se refere.

São quatro os modos: o **indicativo**, o **conjuntivo**, o **imperativo** e o **infinitivo** (pessoal).

Seguindo as orientações mais atuais de alguns gramáticos brasileiros e portugueses, designaremos por **futuro do pretérito** (tempo) o tradicional **modo condicional**. A esse propósito, Celso Cunha e Lindley Cintra afirmam que «em nossa opinião, se trata, (o condicional) na verdade, de um tempo (e não de um modo) que só se distingue do Futuro do Presente por se referir a factos passados, ao passo que o último se relaciona com factos presentes. E acrescente-se que ambos aparecem nas asserções condicionadas, dependendo o emprego de um ou de outro do sentido da oração condicionante.» Exemplificando: Se sair, **levarei** o livro. Se saísse, **levaria** o livro.

1. O modo **indicativo** exprime o facto como **real**, certo: *Cantas muito bem. Leste o livro? Partirei para Paris, amanhã.*

2. O modo **conjuntivo** exprime o facto como uma **incerteza**, uma **possibilidade** ou um **desejo**: *Talvez vá ao cinema. Se ouvires um pouco de música, acalmarás. Oxalá o meu amigo chegue bem.*

3. O modo **imperativo** exprime uma ordem, um pedido, um conselho ou uma exortação: *Presta atenção, Carlos. Lê-me esta carta, por favor. Consultem esta obra, que é interessante. Defendamos a Natureza!*

4. O modo **infinitivo** (pessoal) exprime o processo verbal em abstrato: *Não é necessário fazermos todos o mesmo. Temos de convencer as crianças a passarem pela passadeira. Foi errado teres gritado.*

TEMPOS — São as variações que indicam os diferentes momentos em que se pode realizar o facto indicado pelo verbo.

Os **tempos naturais** são o **presente**, o **pretérito** e o **futuro**, que exprimem, respetivamente, a ação realizada **no momento em que se fala, anterior ao momento em que se fala** e **posterior ao momento em que se fala**.

Os modos **indicativo** e **conjuntivo** contêm os três tempos naturais, ao passo que o **imperativo** apenas tem o **presente**:

Quanto à sua estrutura, os **tempos verbais** podem ser **simples** (formados por uma só palavra) e **compostos** (formados por duas ou mais palavras).

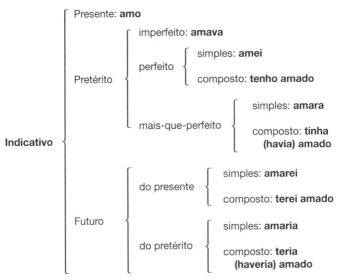

Conjuntivo

Presente: **ame**

Pretérito
- imperfeito: **amasse**
- perfeito: **tenha (haja) amado**
- mais-que-perfeito: **tivesse (houvesse) amado**

Futuro
- simples: **amar**
- composto: **tiver amado**

Imperativo { Presente: **ama**

Infinitivo (pessoal)
- simples: **amar** (eu), **amares** (tu)
- composto: **termos amado** (nós), **terem amado** (eles)

FORMAS NOMINAIS DO VERBO – As **formas nominais** do verbo têm como característica comum a de não indicarem por si próprias o modo e o tempo. O seu valor temporal e modal dependem do contexto em que surgem. São as seguintes:

Infinitivo (impessoal)
- simples: **amar**
- composto: **ter amado**

Gerúndio
- simples: **amando**
- composto: **tendo amado**

Particípio { Passado: **amado**

NÚMEROS — São dois os **números** em que a forma verbal se pode apresentar: **singular** e **plural**.

O número é determinado pelo **sujeito**: consoante este estiver no singular ou no plural, assim será a forma do verbo:

singular	plural
amo	amamos
amas	amais
ama	amam

PESSOAS — O verbo tem **três pessoas**, relacionadas com as pessoas gramaticais representadas pelos pronomes pessoais.

• a **primeira pessoa** é a que fala; é representada pelos pronomes pessoais **eu** (sing.) e **nós** (pl.):

amo   amamos

• a **segunda pessoa** é aquela a quem se fala; é representada pelos pronomes pessoais **tu** (sing.) e **vós** (pl.):

amas   amais

• a **terceira pessoa** é aquela de quem se fala; é expressa pelos pronomes pessoais **ele** ou **ela** (sing.) e **eles** ou **elas** (pl.)

ama   amam

VOZES — São as formas verbais que indicam se o sujeito do verbo é quem realiza a ação ou a sofre. Assim, temos:

• a **voz ativa**, se a ação é realizada pelo sujeito: *A Joana lavou o copo*.
• a **voz passiva**, se a ação é sofrida pelo sujeito: *O copo foi lavado pela Joana*.
• a **voz reflexiva**, se a ação é realizada e sofrida pelo sujeito: *A Joana lavou-se*.

Apenas os verbos **transitivos** admitem transformação de voz: o **objeto direto** da voz **ativa** é o **sujeito** da voz **passiva**, como se pode verificar nos exemplos dados.

ASPETOS — O **aspeto** designa a **categoria gramatical** que indica o ponto de vista do locutor em relação à ação expressa pelo verbo: pode considerá-la **concluída** no seu resultado (aspeto **perfectivo**) ou **não concluída** (aspeto **imperfectivo**):

• o **aspeto perfectivo** é representado pelo **pretérito perfeito** simples e todas as formas compostas do modo indicativo: *Já vi este filme. Já tinha visto este filme.*
• o **aspeto imperfectivo** é representado pelas restantes formas do modo indicativo: *Agora leio este livro, depois lerei o teu. Dantes lia muito mais do que agora.*

Para além desta distinção, podemos considerar outros valores aspetuais:

- **pontual**, se o verbo exprime um processo breve: *Acabo de comprar este livro*.
- **durativo**, se a ação se alonga no tempo: *Ando a fazer compras*.
- **incoativo** ou **inceptivo**, se a ação é considerada no seu ponto inicial: *Anoitece e o céu salpica-se de estrelas*.
- **conclusivo** ou **cessativo**, se se dá por finda a ação: *Deixei de ler aquele livro*.
- **frequentativo** ou **iterativo**, quando se traduz a ideia de ação ou estado frequente ou repetitivo: *Várias vezes nos vêm convidando à participação. As crianças saltitavam de contentes*.

O **aspeto** pode ser expresso de diversas formas:

- por um sufixo: *Folhear* (**frequentativo**); *amanhecer* (**incoativo**);
- pela repetição da forma verbal: *Nadava, nadava, sem descanso!* (**durativo**);
- pela conjugação perifrástica: *Acabei de chegar* (**pontual**);
- pelo sentido do próprio verbo: **principiar, iniciar** (**incoativo**), **terminar, acabar** (**conclusivo**);
- por advérbios ou locuções adverbiais que acompanham o verbo: *Constipo-me frequentemente no inverno* (**frequentativo**). *De repente correu para mim* (**pontual**).

SINTAXE DOS MODOS E DOS TEMPOS

MODO INDICATIVO

Exprime, **em geral**, uma ação ou um estado considerados **reais** ou **certos**, quer situados no presente, quer no passado ou no futuro.

TEMPOS DO MODO INDICATIVO

Presente — O **presente do indicativo** exprime, para além do seu valor **absoluto**, um valor **relativo**:

1. o **presente momentâneo** exprime um facto **atual**, que ocorre no momento em que se fala: *Já não chove. Sinto-me melhor*.
2. o **presente durativo** exprime ações ou estados permanentes ou assim considerados (em definições científicas, provérbios, leis, etc.): *O ozono existe na atmosfera em quantidade reduzida. Quem o feio ama bonito lhe parece*.

3. o **presente habitual ou frequentativo** exprime ação habitual ou qualidade do sujeito: *O Carlos é um bom aluno. Gosto do mar. Vejo pouco televisão.*

4. o **presente histórico ou narrativo** confere vivacidade, expressividade a factos já passados: *Imagina o que me aconteceu — vou a descer a rua, quando ouço um estrondo violento.*

5. o **presente futuro**, mas **próximo**, regra geral acompanhado de advérbio: *Agora vou ao cinema; depois procuro-te em casa.*

Outros cambiantes são de **valor afetivo**:

1. para imprimir a ideia de **certeza** a uma **ação futura**: *Podes acreditar que, se tu fores, eu também vou.*

2. para substituir a rudeza de um **imperativo**, quando queremos pedir com delicadeza ou familiaridade, alguma coisa: *Agora estudas, está bem?*

Pretérito imperfeito — o **pretérito imperfeito**, como o seu próprio nome indica, designa um facto passado **não concluído**, isto é, sem ter em conta nem o seu início nem o seu fim (**aspeto imperfectivo**). Porque exprime essa ideia de **continuidade**, empregamo-lo nos seguintes casos:

1. para **descrever** situações passadas: *Antes da construção deste bairro, passava aqui uma rua estreita, ladeada de árvores, que levava a um pequeno largo.*

2. para indicar, entre ações simultâneas, a que se desenrolava quando a outra aconteceu: *Quando eu explicava o que acontecera, eles entraram.*

3. para exprimir uma ação passada habitual (**aspeto frequentativo**): *Dantes, gostava da praia. Todos os domingos lá ia. Sentava-me na esplanada e lia o jornal.*

4. para substituir o **futuro do pretérito**: *Se não me chamasses, eu não acordava (acordaria).*

5. para substituir o **presente**, numa atitude de delicadeza (**imperfeito de cortesia**): *Vinha pedir-lhe que autorizasse o Carlos a sair comigo.*

Pretérito perfeito — O emprego do **pretérito perfeito simples** distingue-se, em Português, do do **pretérito perfeito composto**.

1. O **pretérito perfeito simples** é um tempo **absoluto** que indica uma ação **completamente realizada**, num tempo passado: *Deu-se agora um acidente. Ontem fui ao cinema.*

2. O **pretérito perfeito composto** exprime a repetição ou continuidade da ação até ao presente, isto é, sem denotar o seu fim: *Agora, tenho ido ao cinema várias vezes.*

Pretérito mais-que-perfeito — exprime uma ação passada mas **anterior** a outra também já ocorrida: *Quando bateste à porta já eu tinha acabado de me arranjar.*

Este tempo ocorre, por vezes, em textos literários, com o valor de **futuro do pretérito**: «*Um pouco mais de sol - e fora (teria sido) brasa*» (Mário de Sá Carneiro). Outras vezes, é utilizado em vez do **pretérito imperfeito do conjuntivo**, quer em textos literários, quer em frases exclamativas de uso corrente: *Quem me dera! (Quem me desse!)*

Futuro do presente simples — É um tempo **absoluto** que remete a ação para o futuro, não acabada (**aspeto imperfectivo**). Emprega-se:

1. para exprimir a **probabilidade**, a **dúvida** ou uma **suposição**: *No próximo ano estarei, talvez, em Paris.*

2. Para indicar **ação futura** como **certa**: *Amanhã, irei, então, ter contigo.*

3. para substituir o **presente**, numa atitude de **cortesia**: *Pensarás que não quero acompanhar-te, mas a verdade é que não posso.*

4. para substituir o **imperativo**, para atenuar ou acentuar o tom do **pedido** ou **ordem**: *Agora ficarás aqui, com os teus pais!*

É de uso pouco corrente, preferindo-se, na linguagem coloquial, substituí-lo por formas perifrásticas: *Amanhã vou visitar um amigo. Havemos de discutir o assunto. Tens de fazer o exame médico.*

Futuro do presente composto — É um tempo **relativo**, que exprime ação futura mas acabada (**aspeto perfectivo**). Emprega-se:

1. para indicar que uma ação futura **está concluída** antes de outra: *Quando chegares ao Teatro, já eu terei comprado os bilhetes.*

2. para exprimir a **certeza** da ação futura: *Descansa que, amanhã, já tudo estará resolvido.*

3. para denotar a **incerteza** sobre factos passados: *Terá ele dito alguma coisa sobre o nosso plano?*

Futuro do pretérito simples — É um tempo **relativo**, que exprime uma ação futura e **não terminada**, em relação a uma **ação passada** (**aspeto imperfectivo**). Emprega-se:

1. para indicar **ação posterior** ao momento de que se fala: *O Pedro disse-me que iria a Lisboa, depois de fazer o trabalho.*

2. como expressão de **incerteza**: *Viria ele neste avião?*

3. como expressão delicada de **desejo**: *Serias capaz de me ajudar?*

4. como expressão de **surpresa** ou **indignação**: *Quem te faria mal?*

5. nas orações dependentes de uma condição que se refere a factos que não se realizaram e pouco prováveis: *Se o tivéssemos convidado, ele viria.*

Futuro do pretérito composto — É um tempo **relativo** que exprime uma ação **futura** e **concluída** (**aspeto perfectivo**) em relação a outra ação passada. Emprega-se:

1. para indicar que uma ação se teria realizado no passado mediante uma **condição**: *Se tivéssemos ouvido o seu conselho* **teríamos tido** *oportunidade de visitar a exposição.*

2. para exprimir a **possibilidade** de um facto passado: *Pensei que* **terias conseguido** *apanhar o comboio.*

3. para exprimir a **incerteza** sobre factos passados, em frases interrogativas retóricas: *Quem* **teria feito** *tal disparate?*

MODO CONJUNTIVO

Exprime o facto como **incerto**, duvidoso, eventual ou irreal.

É o modo próprio das **orações dependentes** dos verbos que denotam **desejo**, **vontade**, **súplica**, **condição**, **proibição**, ou **ordem** (desejar, querer, suplicar, lamentar, negar, ordenar, proibir, etc.): *Quero que me* **vás** *ao correio.* *Lamento que não* **entenda** *a minha recusa.*

Em **orações absolutas**, ou principais, este modo transmite à ação, igualmente, um **cambiante afetivo**:

- um **desejo**: *Venha o sol!*
- uma **hipótese** ou **concessão**: *Talvez te* **visite**, *sim.*
- uma **ordem** ou **proibição**: *Não* **entrem**!
- uma **indignação**: *Raios me* **partissem**, *se percebo isto!*
- uma **dúvida**: *Talvez* **viesse**, *não?*

TEMPOS DO MODO CONJUNTIVO

Presente — É um tempo **relativo** que exprime uma ação não concluída (**aspeto imperfectivo**). Pode indicar:

1. um facto **presente**: *Espero que* **estejas** *melhor de saúde.*

2. um facto **futuro**: *Talvez eu ainda* **compre** *bilhetes para o cinema.*

Pretérito imperfeito — É um tempo **relativo**, que indica ação não concluída (**aspeto imperfectivo**). Pode situar o facto:

1. no **presente**: *Se me **ajudasses**, tirava já o móvel daqui.*
2. no **passado**: *O professor nunca marcava falta, mesmo que **faltassem**.*
3. no **futuro**: *Se me **telefonasse** mais tarde, não me encontraria em casa.*

Pretérito perfeito — É um tempo **relativo**, que indica ação supostamente concluída (**aspeto perfectivo**). Pode situá-la:

1. no **passado**: *Duvido que **tenham transmitido** a informação.*
2. no **futuro (concluído em relação a outro futuro)**: *Espero que a chuva **tenha terminado** quando aí chegarmos.*

Pretérito mais-que-perfeito — É um tempo **relativo**, que indica ação concluída (**aspeto perfectivo**). Pode exprimir:

1. ação eventualmente **anterior** a outra ação passada: *Ignorava que já **tivessem chamado** a polícia, quando chegou.*
2. ação **irreal** no passado: *Imagina que eu **tivesse chegado** mais tarde!...*

Futuro simples — É um tempo **relativo**, que indica ação eventual (**aspeto imperfectivo**), que pode situar-se:

1. no **presente**: *Se **quiseres** falar, inscreve-te.*
2. no **futuro**: *Quando, amanhã, **receberes** o livro, empresta-mo.*

Futuro composto — É um tempo **relativo** que indica ação **eventual** passada (**aspeto perfectivo**) em relação a outra ação futura e que pode situar-se:

1. no **presente**: *Assim que **tiveres acabado** de falar, intervenho eu.*
2. no **futuro**: *Quando **tiveres deixado** de me aborrecer, compro-te os sapatos.*

MODO IMPERATIVO

É o modo que utilizamos para exprimir mais um **convite**, um **conselho**, uma **exortação**, do que uma ordem (como adiante veremos). Tem apenas um **tempo** (**absoluto**), o **presente**. Mas este **presente** tem valor de **futuro**, pois a ação expressa ainda está por realizar-se.

Em Português temos:

1. o **imperativo afirmativo**, que possui formas próprias para as duas pessoas do singular e do plural (**tu** e **vós**). Para as outras formas de tratamento (**nós, você** e **vocês**) recorremos às formas do **presente do conjuntivo**. Assim: *Sai! (tu); saí! (vós); saia! (você); saiamos (nós).*

2. o **imperativo negativo**, que não tem formas próprias e, por isso, recorre ao **presente do conjuntivo**: *Não venhas (tu), não falemos (nós) alto; não vos afasteis (vós).*

No **imperativo**, o indivíduo que fala dirige-se a um interlocutor, de forma direta, pelo que só admite as **segundas pessoas do singular e do plural**, ainda que com tratamentos diversos (**tu, você, o senhor, V. Ex.ª, vós, vocês, os senhores**).

Contudo, se o indivíduo que fala se quiser associar à ação expressa pelo **imperativo**, recorre à **primeira pessoa do plural** do **presente do conjuntivo**: *Falemos, então.*

Substitutos do modo imperativo — São diversos e mais expressivos:

1. uma **interjeição**: *Silêncio!, Fogo!* (**ordem**).
2. o **presente do indicativo**: *Dás-me o livro, por favor?* (**cortesia**).
3. o **futuro do indicativo**: *Virás connosco, está bem?* (**súplica**).
4. o **imperfeito do conjuntivo**: *E se te calasses?!* (**impaciência**).
5. o **infinitivo**: *Não fumar!* (**proibição**).
6. o **gerúndio**: *Andando! Depressa!* (com **valor depreciativo**).
7. a **perífrase**, constituída pelo **imperativo** do verbo **ir** ou **vir** e o **infinitivo impessoal** do verbo principal: *Não me **vás** (não me **venhas**) dizer que te zangaste com a Diana!*

MODO INFINITIVO

Usamos o **infinitivo pessoal**:

1. quando tem **sujeito próprio**, expresso ou implícito: *Era pouco provável **concordarem** todos com a minha sugestão. Disse-te para **fazeres** as malas, não disse?*

2. na **terceira pessoa do plural**, denotando **indeterminação do sujeito**: *Parece **comentarem** por aí que vais ser promovido.*

EMPREGO DAS FORMAS NOMINAIS

Infinitivo impessoal — A forma do **infinitivo impessoal** representa o processo verbal em abstrato, a ideia geral, aproximando-se do valor do **substantivo**: *Cantar faz bem à alma!*

Usamo-lo nas situações seguintes:

1. com a função de **sujeito** de certas expressões verbais como *é conveniente, é difícil, convém, importa*, etc.: *É difícil encontrar emprego em tempo de crise.*

2. com valor de **imperativo**: *Estudar! disse a mãe ao Pedro.*

3. com valor **descritivo**: *Comer, dormir e vagabundear era o que faziam quase diariamente.*

4. para servir de **complemento**, precedido da preposição **de**, a adjetivos como **fácil, difícil, possível, impossível, raro**, etc.: *És difícil de aturar!*

5. como **complemento** de outro verbo: *Quero sair já.*

6. para formar **expressões perifrásticas**, regido das preposições **a, de, em, para, por** e precedidos de verbo auxiliar (ter, estar, ficar, etc.): *Tenho de sair.*

Gerúndio — O **gerúndio** traduz o processo verbal **em curso** e desempenha as funções de **advérbio** (*Contemplava a paisagem, recordando a infância ali decorrida.*), ou de **adjetivo** (*Os olhos, sorrindo, não se despregavam daquela nota.*).

O gerúndio tem duas formas: uma simples (**amando**) e outra composta (**tendo amado**).

O **gerúndio simples** exprime uma **ação em curso**, que pode ser imediatamente **anterior** ou **posterior** à do verbo da oração principal. Depende esse **valor temporal**, regra geral, da sua colocação na frase. Assim:

1. Anteposto ao verbo principal, pode indicar:
- ação realizada **imediatamente antes**: *E dizendo isto, saíu porta fora.*
- ação **simultânea**: *Rindo-se, abraçou comovidamente a mãe.*

2. Colocado após o verbo principal, indica **simultaneidade** (regra geral): *Falava, gesticulando.*

3. Colocado depois da oração principal, pode exprimir uma **ação posterior**, equivalendo a uma oração coordenada copulativa: *Folheava o livro, lendo algumas passagens em voz alta (e lia...).*

4. Precedido da preposição **em**, exprime com mais ênfase a **anterioridade**: *Em me vestindo, telefono-te.*

5. Nas expressões perifrásticas (com **verbos auxiliares**), tem valor durativo: *Os dois amigos andavam brincando com uma bola. Íamos conversando pela praia.*

Particípio — O **particípio** (passado) - que indica o resultado da ação, qualidade ou estado que o verbo exprime - tanto pode ter **valor verbal**, como de **adjetivo**.

Como **adjetivo**, varia em género e número e não estabelece nenhuma relação temporal: *Os indivíduos suspeitos desapareceram daqui. Com os pés descalços e feridos, caminhávamos com dificuldade. De mãos abertas, corria para mim.*

Com valor **verbal**, emprega-se:

1. para formar os **tempos compostos**, com os auxiliares **ter** e **haver**: *Tens escrito para Londres? Joana havia tomado a decisão de ficar em Lisboa.*
Neste caso é **invariável**.

2. para formar a **voz passiva**, com o auxiliar **ser**: *O João foi chamado a depor. Ficaria mais tranquila se a Rita fosse atendida por ti.*

3. **sem auxiliar**, pode equivaler a uma oração **subordinada temporal**. O valor temporal, neste caso, só pode ser determinado pelo contexto, isto é, pelo tempo do verbo da oração subordinante. Por isso, o mesmo particípio pode exprimir:

• ação **presente**: *Consultado o Decreto, posso responder-te.*
• ação **passada**: *Consultado o Decreto, pude responder-te.*
• ação **futura**: *Consultado o Decreto, poderei responder-te.*

CONJUGAÇÕES

Designamos por **conjugações** o conjunto de todas as flexões do verbo, de **modo**, **tempo**, **número**, **pessoa**, e **voz**. **Conjugar** um verbo é dizê-lo em todas essas formas.

Em Português, há **três conjugações**, determinadas pela **vogal temática**.

Encontramos facilmente a **vogal temática** na forma do **infinitivo**: é a que **precede** o sufixo **- r** (conta- r, faze- r, dormi- r). Por isso indicamos a **conjugação** pela **terminação** do infinitivo do verbo.

Concluindo, temos os seguintes **tipos de conjugação**:

1.ª conjugação — a dos verbos com **infinitivo terminado** em - **ar**: and**ar**, rem**ar**, nad**ar**...

2.ª conjugação — a dos verbos com **infinitivo terminado** em - **er**: venc**er**, corr**er**, diz**er**...

3.ª conjugação — a dos verbos com **infinitivo terminado** em - **ir**: part**ir**, r**ir**, segu**ir**...

TIPOS DE CONJUGAÇÃO

Para além da **conjugação** normal dos verbos, que inclui, na **voz ativa**, os tempos simples e compostos e, na **voz passiva**, o recurso aos verbos **ser**, **estar**, e **ficar** (*vide* **verbos auxiliares**), consideram-se, ainda, os seguintes **tipos de conjugação**:

1. **Conjugação pronominal**, se o verbo está conjugado com os pronomes pessoais de 3.ª pessoa, **o**, **a**, **os**, **as** (objeto direto).

O pronome toma as formas **lo**, **la**, **los**, **las** se a forma verbal que o precede termina em **r**, **s** ou **z** (que se suprimem): *amámo-lo; dizemo-lo; di-lo* muito bem.

Quando perdem o **r**, **s** ou **z**, as formas verbais **oxítonas** recebem um acento agudo, se a vogal é aberta (*dá-lo*) ou um acento circunflexo, se a vogal é semifechada (*perdê-lo-á*; *pô-los-ia*).

O pronome toma as formas **no**, **na**, **nos**, **nas** se a forma verbal que o precede termina em **ditongo** ou **consoante nasal**: *dão-nas*, *perdem-nas*.

No **futuro do presente** e no **futuro do pretérito** (de formação perifrástica), o **pronome** é colocado no interior da forma verbal, entre o **infinitivo** do verbo e as formas contraídas do verbo **haver**, que lhes deram origem: *amá-lo-ei*, *amá-lo-ás*, etc.; *parti-lo-ia*, *parti-lo-íamos* (ver pág. 53).

2. **Conjugação reflexiva**, se o verbo está conjugado com os pronomes pessoais **me**, **te**, **se** (singular), **nos**, **vos** e **se** (plural); (ver pág. 51).

Estes pronomes podem funcionar:

• como **objeto direto**: *Cortei-me. Olhou-se* no espelho. *Lavámo-nos* no rio.

• como **objeto indireto**: *Hoje, ofereci-me* um livro.

- com valor de **reciprocidade**, quando indicam uma ação mútua de dois ou mais sujeitos: *Os amigos* **abraçaram-se**. ***Ofendemo--nos**, sem querer.*

Observações:

1.ª Distinguimos **verbo reflexivo** de **verbo pronominal**: — É **verbo reflexivo** quando podemos acrescentar-lhe, conforme a pessoa, as expressões **a mim mesmo, a ti mesmo, a si mesmo.** — É **verbo pronominal** quando não admite essas expressões (**apiedar-se, condoer-se, debater-se**).

2.ª Na **conjugação** destes verbos, a primeira pessoa do plural perde o **s** final, quando o pronome é enclítico: ***Queixámo-nos**.*

3.ª No **futuro do presente** e no **futuro do pretérito**, o pronome enclítico coloca-se entre o **infinitivo** do verbo e a forma contraída do verbo haver: ***opor-me-ei, opor-te-ás, opor-se-á**, etc.; **opor-me-ia, opor-te-ias, opor-se-ia**, etc.*

3. **Conjugação perifrástica**, se a conjugação é constituída por um **verbo auxiliar** (o que perdeu o seu sentido próprio) mais o **infinitivo** (precedido ou não de preposição), **gerúndio** ou **particípio** do **verbo principal**, para exprimir novos matizes de tempo ou de aspeto (ver **emprego dos verbos auxiliares**, pág. 31).

COLOCAÇÃO DOS PRONOMES ÁTONOS JUNTO DO VERBO

São **pronomes átonos: *me, te, se, o(s), a(s), lhe(s), nos* e *vos*.**

Em Portugal, verificam-se três possibilidades na colocação destes pronomes:

- após o verbo (**ênclise**): *Vende-**me** o teu carro.*
- antes do verbo (**próclise**): *Alguém **te** chamou.*
- no meio do verbo (**mesóclise**), apenas com as formas do **futuro do presente** e **futuro do pretérito** do modo indicativo: *Ver-**nos**--emos no verão. Ouvir-**se**-iam uns aos outros?*

ÊNCLISE

1. É a regra geral, sobretudo na frase simples (ou na oração principal) **afirmativa**:
Falaste-lhe do filme?
Eu vou buscá-lo amanhã.

2. É obrigatório com o **infinitivo** regido da preposição **a**:
Começou a contar-nos a sua história.
Não fiquei a ouvi-lo mais.

Observações:
1. Quando os pronomes são **enclíticos**, ligam-se ao verbo por hífen.
2. Nestas circunstâncias, quer o verbo quer os pronomes **o**, **a**, **os**, **as** sofrem algumas alterações (ver em **conjugação pronominal** e em **conjugação reflexiva**, pág. 20).

PRÓCLISE

1. Nas frases (ou orações) **negativas**:
Não lhe mostrou o rosto.
Ninguém o viu por aqui?

2. Nas frases (ou orações) **interrogativas**, iniciadas por **pronomes** ou **advérbios interrogativos**:
Quem nos chamou?
Como lhes dão as regras?
Por que as fizeram assim?

3. Se o verbo vem precedido de certos **advérbios** (*ainda, já, bem, mal, talvez, sempre, só*, etc.):
Ainda lhes disse adeus.
Sempre as admirei muito.
Só se veem deste lado.

4. Nas frases (ou orações) que exprimem **desejo**:
Oxalá vos chamem!
Deus te perdoe, que eu não posso!

5. Nas orações **subordinadas**:
*Não lhes falou, **embora as conhecesse**.*
Se te convidarem, *vai.*

6. Quando **o sujeito** do verbo é um **pronome** ou um **quantificador indefinido** ou **universal** (*alguém, qualquer, tudo, todos, ambos,* etc.):
Alguém me indicará *o caminho.*
Ambos lhe deram *os parabéns.*

7. Nas orações **alternativas**:
Ou a avisamos ou *ela* **se esquece**.

8. Com o **gerúndio** na forma negativa, ou antecedido da preposição **em**:
*Não **a tendo encontrado** em casa, nada mais pôde fazer.*
Em o lendo, *empresto-to.*

MESÓCLISE

Como acima se observou, a mesóclise só acontece quando o verbo está no **futuro do presente** ou do **pretérito** (modo indicativo). O pronome é colocado no interior da forma verbal, entre o infinitivo e as formas contraídas do verbo haver, que lhes deram origem.
É de uso, regra geral, na frase simples (ou oração principal) **afirmativa**:
Avisar-vos-emos, *chegado o momento.*

Observação: Também se usa a **próclise**, sobretudo se o verbo é precedido, enfaticamente, por um pronome pessoal sujeito:
Nós vos avisaremos, *chegado o momento.*

No Brasil, sobretudo na linguagem coloquial, é mais comum a **próclise**:
1. Mesmo a iniciar frases, especialmente com o pronome **me**:
Me dê a sacola; *eu ajudo você.*

2. Nas frases simples, e nas orações principais e coordenadas:
*Eu **o espero** aqui, sim, senhor.*

3. Entre o verbo auxiliar e o infinitivo, nas locuções verbais:
*Por que você veio **me** buscar?*

CLASSIFICAÇÃO DOS VERBOS

I. Quanto à **flexão**, os verbos podem ser **regulares, irregulares, defetivos** e **abundantes**.

1. São **regulares** os verbos que **não apresentam alterações**, seja no **radical**, seja na **flexão**. Conjugam-se de acordo com **modelos (paradigmas)** que representam o **tipo comum** da conjugação. Podemos tomar como **paradigmas** os verbos **andar, viver,** e **partir,** que representam, respetivamente, a **1.ª**, a **2.ª** e a **3.ª conjugações**.

2. São **irregulares** os verbos que se afastam do paradigma da sua conjugação, seja no **radical** (traz**er**, trag**o**, trou**xe**, trar**ia**), seja nas **terminações** (**querer:** qu**is**, no pretérito perfeito). A maior parte das irregularidades verificam-se no pretérito perfeito simples. Outras manifestam-se na primeira pessoa do presente do indicativo e outras, ainda, no particípio.

Assim, num verbo irregular nem todas as formas são irregulares. Regra geral, à exceção dos verbos **ser, estar, saber, dar, haver, querer** e **ir**, as irregularidades verificam-se por grupos de tempos ou temas. São **três** os grupos a considerar:

a) Ao tema do **presente** pertencem o **presente do indicativo**, o **imperfeito do indicativo**, o **presente do conjuntivo** e o **presente do imperativo**.

b) Ao tema do **pretérito** pertencem o pretérito **perfeito do indicativo**, o pretérito **mais-que-perfeito do indicativo**, o pretérito **imperfeito do conjuntivo** e o **futuro do conjuntivo**.

c) Ao tema do **futuro** pertencem o **futuro** do **presente** e o **futuro** do **pretérito**, ambos do **modo indicativo**.

Por essa razão, observando as formas do **presente**, do **pretérito perfeito** e do **futuro** do modo **indicativo**, verifica-se se o verbo é regular ou irregular e como conjugá-lo nos tempos de cada um dos grupos.

A Nomenclatura Gramatical Brasileira considera **anómalos** os verbos que apresentam grandes irregularidades, como **ser, ter, ir** e **pôr**.

3. São **defetivos** aqueles que não têm algumas formas ou flexões. Normalmente, as gramáticas subdividem os **defetivos** em: **pessoais (abolir, falir), unipessoais (ladrar, zumbir)** e **impessoais (nevar, amanhecer)**. (ver pág. 101).

4. São **verbos abundantes** os que possuem duas ou mais formas equivalentes, como os que têm dois particípios (**libertar: libertado** e **liberto, cativar: cativado** e **cativo**). (ver pág. 98).

II. Quanto à **função**, os verbos podem ser **principais** e **auxiliares**.

1. **Verbos principais** são aqueles que se utilizam com significação plena e são o núcleo da oração: *O João partiu para Coimbra. Hoje há um concerto na Sé de Lisboa.*

2. **Verbos auxiliares** são os que juntamos a verbos principais para constituirmos locuções verbais, que ganham significações particulares: *Quando cheguei a casa do João, já ele tinha partido para Coimbra. Há de haver dois dias que o João partiu. O cão está a ladrar. A notícia foi ouvida por muita gente.*

Os verbos que têm, mais frequentemente, a função de auxiliares são: **ter, haver, ser** e **estar**.

III. Quanto à **sintaxe**, o verbo pode ter outras classificações:

1. **Verbos de ligação** ou **copulativos** são os que servem para unir o **sujeito** com o seu **predicativo**, na oração. Por si, não acrescentam uma ideia nova ao sujeito, pelo que se designam, ainda, por **verbos de significação indefinida**: *Este livro é muito bom, é uma obra-prima. Estou feliz. Andamos todos cansados. Fiquei espantada com a notícia. O professor continua doente. A porta permanece fechada.*

Contudo, excetuando o verbo **ser**, os outros verbos tanto podem ser **copulativos**, como **significativos**, dependendo esse valor da construção sintática. Com efeito, são **significativos** nos seguintes exemplos: *O aluno está na aula. A rosa ficou sobre a mesa. Pedro continua o trabalho. A polícia permanece no local.*

2. **Verbos significativos** são os verbos que constituem o núcleo do predicado e acrescentam uma ideia nova ao sujeito. Podem ser **intransitivos** e **transitivos**:

2.1. **Verbo intransitivo** é aquele cuja ação não vai além do verbo: *As crianças brincam no jardim. Neva na Serra da Estrela. As andorinhas já chegaram.*

2.2. **Verbo transitivo** é aquele cuja ação se transmite a outros elementos (nomes ou pronomes) que lhe completam o sentido. Pode ser **transitivo direto, transitivo indireto** ou, mesmo, **transitivo direto e indireto**.

É transitivo direto o verbo cuja ação transita para outro elemento sem auxílio de preposição: *Aquele homem fala uma língua estranha. Eu vi esse filme. Maria, desce a persiana* («uma língua estranha», «esse filme» e «persiana» são o **complemento** ou **objeto direto** do verbo que os precede).

É transitivo indireto o verbo cuja ação se transmite a outros elementos através da preposição **a**: *Cristo falava aos apóstolos. Amo* *a* meus pais como *a* ninguém mais. *A jovem* **sorriu às** *amigas («aos apóstolos», «a meus pais», «a ninguém mais», «às amigas»*, são o **complemento** ou **objeto indireto** do verbo que os precede).

É transitivo direto e indireto aquele que se constrói simultaneamente com o **objeto direto** e **objeto indireto**: *O professor* **pediu** *silêncio aos alunos.*

O mesmo verbo pode ser: **intransitivo**: *Aquele rapaz não* **fala**. Ou **transitivo**: *Eu* **falo** *inglês (**direto**). Não* **falo** *à Joana (**indireto**).*

IRREGULARIDADE VERBAL

A irregularidade de um verbo pode encontrar-se nas **desinências** ou no **radical**. Um verbo irregular pode apresentar formas regulares.

Para ver se um verbo é regular ou irregular, basta observar as formas do **presente**, do **pretérito perfeito** e do **futuro** do **indicativo** e do **presente** do **conjuntivo**. Desta forma, também se pode saber como conjugar esse verbo nas formas derivadas dos tempos atrás referidos.

Para além das chamadas irregularidades verbais, verificam-se algumas particularidades no **radical** de verbos regulares e que não devemos confundir com as primeiras. Chamar-lhes-emos **discordâncias gráficas** e **alterações fonéticas**, consoante os casos (que adiante descreveremos).

DISCORDÂNCIAS GRÁFICAS

1. Nos verbos da **1.ª conjugação** cujos radicais terminem em **-c, -ç** e **-g**, estas letras mudam, respetivamente, para **-qu, -c** e **-gu**, sempre que se lhes siga um **-e**:

marcar	marque	marquei
maçar	mace	macei
carregar	carregue	carreguei

2. Nos verbos da **2.ª** e da **3.ª conjugação** cujos radicais terminem em **-c, -g** e **-gu**, estas letras mudam para **-ç, -j** e **-g**, respetivamente, sempre que se lhes siga um **-o** ou um **-a**:

obedecer	obedeço	obedeça
ranger	ranjo	ranja
erguer	ergo	erga
fingir	finjo	finja
distinguir	distingo	distinga

26

ALTERAÇÕES FONÉTICAS

Em muitos verbos, a **vogal tónica** do radical sofre uma alteração de timbre sob a influência da vogal átona da desinência. Esta alteração produz uma alternância vocálica (que é mais frequente nos verbos da 3.ª conjugação).

1. Se a vogal do radical é **a (oral)**, seja qual for a conjugação, aquela apresenta o timbre aberto quando é tónica: no **presente do indicativo, presente do conjuntivo** e **imperativo afirmativo** e **negativo**. Ex.: **lavar** (ver pág. 60), b**a**ter, p**a**rtir, etc.

2. Nos verbos da **1.ª conjugação** que têm um **e** ou um **o (orais)** fechados na sílaba imediatamente anterior à terminação (**-ar**) do infinitivo, essas vogais **abrem** nas formas em que são **tónicas**: no **presente do indicativo, presente do conjuntivo, imperativo afirmativo e imperativo negativo**. Ex.: **levar** (ver pág. 61), p**e**scar, inter**e**ssar, **cobrar** (ver pág. 58), **o**lhar, etc.

Obs. — 1.ª Contudo, quando a vogal **e** (acima referida) é seguida de **ch, lh, j** ou de consoante nasal articulada (**m, n** ou **nh**), passa a semifechada. Ex.: **fechar** (ver pág. 59), des**e**jar, assem**e**lhar, alg**e**mar, cond**e**nar, desemp**e**nhar, etc. O mesmo acontece com o verbo **chegar** e seus derivados (*achegar, aconchegar, conchegar*, etc.).

Conjugam-se, porém, como **levar** os verbos **embrechar, frechar, invejar** e **vexar**.

2.ª Quando a vogal **o** (referida em 2.) é seguida de consoante nasal articulada (**m**, ou **nh**), passa a semifechada. Ex.: embr**o**mar, emoci**o**nar, s**o**nhar, etc.

3. Nos verbos da **2.ª conjugação** que têm um **e** ou um **o** fechados na sílaba imediatamente anterior à terminação (**-er**) do infinitivo, essas vogais mudam de timbre quando são **tónicas**:

a) são **semifechadas** na 1.ª pessoa do **presente do indicativo**, nas três pessoas do singular e na 3.ª do plural do **presente do conjuntivo** e nas formas do **imperativo** derivadas do presente do conjuntivo;

b) são **abertas** na 2.ª e 3.ª pessoas do singular e 3.ª do plural do **presente do indicativo** e na 2.ª pessoa do singular do **imperativo afirmativo**.

Ex.: **dever** (ver pág. 63), mer**e**cer, b**e**ber, **mover** (ver pág. 65), c**o**rrer, etc.

4. Em certos verbos da **3.ª conjugação**, o **e** fechado da sílaba imediatamente anterior à terminação (**-ir**) do infinitivo transforma-se em **i**

na 1.ª pessoa do **presente do indicativo**, em todas as pessoas do **presente do conjuntivo** e nas formas do **imperativo** derivadas do presente do conjuntivo. Ex.: ad**e**rir, adv**e**rtir, af**e**rir, comp**e**tir, conf**e**rir, conv**e**rgir, d**e**spir, dig**e**rir, f**e**rir, ins**e**rir, m**e**ntir, pref**e**rir, refl**e**tir, rep**e**tir, s**e**guir, s**e**ntir, **servir** (ver pág. 69), sug**e**rir, v**e**stir, etc.

5. Noutros verbos da **3.ª conjugação**, esse mesmo **e** acima referido transforma-se em **i** nas três pessoas do singular e na 3.ª do plural do **presente do indicativo**, em todas as pessoas do **presente do conjuntivo**, na 2.ª pessoa do singular do **imperativo afirmativo** e em todas as outras formas deste modo, derivadas do presente do conjuntivo. Ex.: **agredir** (ver pág. 66), progr**e**dir, transgr**e**dir, prev**e**nir, etc.

6. Nos verbos da **3.ª conjugação** que têm um **o** fechado na sílaba imediatamente anterior à terminação (**-ir**) do infinitivo, essa vogal sofre as seguintes alterações:

a) é substituída por **u** na 1.ª pessoa do singular do **presente do indicativo**, em todas as formas do **presente do conjuntivo** e nas formas do **imperativo** derivadas do presente do conjuntivo;

b) **abre** na 2.ª e 3.ª pessoas do singular e 3.ª do plural do **presente do indicativo** e na 2.ª pessoa do singular do **imperativo afirmativo**.
Ex.: c**o**brir, **dormir** (ver pág. 67), eng**o**lir, t**o**ssir, etc.

7. Nos verbos da **3.ª conjugação**, cujos radicais têm um **u** na sílaba imediatamente anterior à terminação (**-ir**) do infinitivo, essa vogal transforma-se em **o** semiaberto na 2.ª e 3.ª pessoas do singular e 3.ª pessoa do plural do **presente do indicativo** e na 2.ª pessoa do singular do **imperativo afirmativo**. Assim se conjugam os verbos ac**u**dir, b**u**lir, c**u**spir, f**u**gir, sac**u**dir, **subir** (ver pág. 70) e s**u**mir.

Obs. — Conservam, todavia, o **u** do radical em toda a conjugação os seguintes verbos: **aludir**, **assumir**, **curtir**, **iludir**, **presumir**, **punir**, **resumir**, **urdir** (e seus derivados), entre outros.

8. Em alguns verbos da **3.ª conjugação**, cujos radicais têm um **i** na sílaba imediatamente anterior à terminação (**-ir**) do infinitivo, essa vogal transforma-se em **e** semiaberto nas mesmas formas que as citadas em 6. É o caso, por exemplo, de **frigir** (ver pág. 68).

OUTRAS PARTICULARIDADES / IRREGULARIDADES

1. Verbos terminados em **-ear**:
Conservam em toda a conjugação o **e** que precede a terminação (**-ar**) do infinitivo, mas acrescenta-se-lhe um **i** quando é tónico: nas

três pessoas do singular e na 3.ª do plural do **presente do indicativo** e do **conjuntivo**, na 2.ª pessoa do singular do **imperativo afirmativo** e, ainda, no **imperativo negativo**:

passear (ver pág. 75) — passeio, passeias, passeia, passeiam, passeie, passeies, passeie, passeiem, passeia, não passeies

2. Verbos terminados em **-iar**:

São **regulares**, exceto os verbos **ansiar**, **incendiar** (ver pág. 74), **mediar**, **odiar** e **remediar**, que seguem o modelo de conjugação dos verbos em **-ear**:

ansiar — anseio, anseias, anseia, anseiam

Obs. — Há, contudo, alguns verbos que não seguem uma norma fixa: tanto seguem o modelo de **ansiar**, como a regra geral. São exemplos: **agenciar**, **cadenciar**, **comerciar**, **diligenciar**, **licenciar**, **negociar**, **obsequiar**, **premiar**, **presenciar** e **sentenciar**.

premiar — premeio ou premio
                premeie ou premie

3. Verbos terminados em **-oar** e **-uar**:

São **regulares**, ainda que na pronúncia possa parecer que se intercala um **i** nas três pessoas do singular do **presente do conjuntivo**, bem como nas formas do **imperativo** derivadas daquele tempo:

perdoar (ver pág. 62) — perdoe, perdoes, perdoe
habituar — habitue, habitues, habitue

4. Verbos terminados em **-oiar**:

O ditongo **oi** é aberto nas formas em que é **tónico**:

boiar (ver pág. 57) — boio, boias, boia, boiam.

Obs. — O verbo **apoiar** conserva o ditongo **semifechado** em toda a conjugação.

5. Verbos terminados em **-oer**:

A vogal **o** que precede a terminação (**-er**) do infinitivo passa a ditongo aberto (**ói**) na 2.ª e 3.ª pessoas do singular do **presente do indicativo** e na 2.ª pessoa do singular do **imperativo afirmativo** — mas não na 3.ª pessoa do plural do presente do indicativo, ainda que assim pareça na pronúncia:

moer (ver pág. 64) — m**ói**s, m**ói**, mo**em** (não *móiem*)

6. Verbos terminados em **-air**:

Mantêm o **i** do tema em toda a conjugação, exceto na 3.ª pessoa do plural do **presente do indicativo**. Ex.: atr**air**, c**air**, s**air** (ver pág. 94), etc.

sair — saio, sais, sai, saímos, saís, sa**em**

7. Verbos terminados em **-uir**:

Mantêm o **i** do tema na 2.ª e 3.ª pessoas do singular do **presente do indicativo** e na 2.ª pessoa do singular do **imperativo afirmativo** — mas não na 3.ª pessoa do plural do presente do indicativo, ainda que possa dar essa ideia na pronúncia:

influir (ver pág. 89) — influ**i**s, influ**i**, infl**uem**

Obs. — Os verbos **construir**, **destruir** e **reconstruir** podem alterar o **u** em **o** na 2.ª e 3.ª pessoas do singular e 3.ª do plural do **presente do indicativo** e na 2.ª pessoa do singular do **imperativo afirmativo**:

construir — constru**i**s ou constr**ói**s, constru**i** ou constr**ói**

8. Verbos terminados em **-uzir**:

Perdem o **e** final na 3.ª pessoa do singular do **presente do indicativo** e podem perdê-lo ou mantê-lo na 2.ª pessoa do singular do **imperativo afirmativo**:

seduzir (ver pág. 95) — sedu**z**
                          sedu**z** ou seduze

Obs. — O mesmo acontece nos verbos **dizer**, **fazer**, **jazer**, **prazer**, **trazer** e seus derivados:

fazer (ver pág. 78) — fa**z**
                          fa**z** ou faze
dizer (ver pág. 77) — di**z**
                          di**z** ou dize

EMPREGO DOS VERBOS AUXILIARES

Dos tempos compostos
Ter e **haver**, nas suas formas de presente, imperfeito (pretérito e futuro), infinitivo e gerúndio, empregam-se com o **particípio** do verbo principal, para formar os tempos compostos: *O Jorge **tem andado** pensativo. Alguém **havia dado** já a informação. **Ter visto** o amigo deu--lhe ânimo. **Havendo pensado** melhor, desistiu de ir.*

Da voz passiva
Ser, **estar** e **ficar** empregam-se com o **particípio** dos verbos transitivos, para formar os tempos da voz passiva: *Todos **seremos beneficiados** por esta lei. O público **estava impressionado** com o espetáculo. **Estou comovida** com o teu sucesso. **Ficou ofendido** com a tua resposta.*

Outros verbos, ainda, podem funcionar como **auxiliares**, quer com o **infinitivo**, quer com o **gerúndio** de um verbo principal, para indicar **aspetos** do desenvolvimento da ação, da qualidade ou do estado expressos. Assim, por exemplo:

Estar emprega-se:
1. com o **infinitivo** do verbo principal precedido da preposição **a** para exprimir ação **durativa**: *Estávamos a conversar, quando chegaste.*
2. com o **infinitivo** do verbo principal precedido da preposição **para**, para indicar a **intenção** de realizar a ação ou a **iminência** da mesma: ***Estava para sair**, mas já não saio. Agora **estou para fechar** o negócio.*
3. com o **infinitivo** do verbo principal antecedido da preposição **por**, para indicar que está (ou esteve) por fazer algo que já deveria ter sido realizado: *O texto **está por redigir**. O texto **esteve por redigir** durante muito tempo.*
4. com o **gerúndio**, para exprimir o aspeto **durativo** da ação. ***Estava fazendo** as contas, quando me chamaram.*
Esta é a construção preferida no Brasil.

Ir emprega-se:
1. com o **infinitivo**, para indicar a firme **intenção** de realizar a ação ou a **proximidade** da sua realização: ***Vou responder** à carta. O Carlos **foi chamar** o médico.*

2. com o **gerúndio**, para indicar a realização **progressiva** e **reiterativa** da ação: *Vamos andando para a estação. Ele vai estudando alguma coisa.*

Vir emprega-se:

1. com o **infinitivo**, para indicar **intenção** de realizar a ação ou **movimento** em direção a determinado fim: *Vim ajudar-te. Vocês vieram alterar os meus projetos.*

2. com o **infinitivo** precedido da preposição **a**, para exprimir **o resultado** da ação: *Os meus pais vieram a descobrir o teu paradeiro.*

3. com o **infinitivo** precedido da preposição **de**, para indicar o **fim** recente da ação: *Vimos de jantar com amigos.*

4. com o **gerúndio**, para exprimir o aspeto **gradativo** e **reiterativo** da ação: *A neve vem cobrindo os cumes da serra. Os alunos vinham falando do problema.*

Esta é a construção preferida no Brasil.

Andar emprega-se:

1. com o **infinitivo** precedido da preposição **a**: *Andam a construir uma casa.*

2. com o **gerúndio**: *Andaram limpando as ruas.*

Em ambas as locuções se exprime o aspeto **durativo**. A construção do verbo **andar** (ou **estar**) com **gerúndio** é mais comum no Brasil, no Alentejo e Algarve, ao passo que o português padrão prefere a construção com o **infinitivo** precedido da preposição **a**.

Ficar emprega-se:

1. com o **infinitivo** antecedido da preposição **a**, para indicar aspeto **durativo**: *Ficámos a conversar pela noite dentro.*

2. com o **infinitivo** precedido da preposição **por**, para indicar que uma ação que devia ter sido realizada não o foi: *A lista das compras ficou por fazer.*

3. com o **gerúndio**, para exprimir o mesmo valor **durativo**: *Ficam passeando pela praia.*

Esta é a construção preferida no Brasil.

Acabar emprega-se:

1. com o **infinitivo** precedido da preposição **de**, para indicar uma ação acabada de concluir: *Acabaram de chegar do Porto.*

2. com o **infinitivo** precedido da preposição **por**, para indicar uma decisão tomada: *Acabei por escolher um romance.*

No Brasil, prefere-se, em vez desta construção, fazer seguir o verbo auxiliar de um **gerúndio**: *Acabei escolhendo um romance.*

SINTAXE DO VERBO HAVER

1. O verbo **haver** emprega-se em todas as pessoas:

• quando é **auxiliar** (equivalendo a **ter**) de um outro verbo:

a) seja com o **particípio**: *Maria havia comprado o livro tão desejado.* Esta construção é mais comum no Brasil. Em Portugal, prefere-se o auxiliar **ter**.

b) seja com o **infinitivo** antecedido da preposição **de**: ***Havemos de ir** ao teatro. Não **hão de faltar** lugares.*

• quando é **verbo principal**, com forma reflexiva, significando «ajustar contas», «entender-se»: *Zangado, o meu pai disse-me que **me houvesse** com a polícia.*

• na expressão **haver mister**, que significa «necessitar»: ***Havemos mister** de ajuda.*
Não é de uso muito corrente.

• na expressão **haver por bem**, que significa «considerar conveniente», «resolver»: *O professor **houve por bem** mudar o teste. Todos nós **havíamos por bem** que se fizesse a experiência.*

2. Emprega-se como **impessoal**:

• quando significa «existir». Estes dois verbos (**haver** e **existir**), ainda que sinónimos, têm sintaxes opostas: **Haver** — é **impessoal** e **transitivo**. O nome (ou pronome) que o segue é objeto direto:
— *Há muitas laranjas no cesto. Há-as grandes e pequenas.*
Existir — é **pessoal** e **intransitivo**. O nome (ou pronome) que o acompanha é sujeito: ***Existem** muitas lojas nesta rua. Elas **existem** porque são precisas.*
As locuções verbais em que o verbo **haver** (significando «existir») vem precedido do verbo auxiliar são, também, **impessoais**: ***Pode haver** muitas pessoas sem bilhete para o espetáculo. **Devia haver** mais livros na biblioteca.*

• quando indica tempo decorrido: ***Há muitos anos** que não te via.*

CONCORDÂNCIA DO VERBO COM O SUJEITO

I. **Com um só sujeito.**

Regra geral — o verbo **concorda** em **número** e **pessoa**: *O aluno estuda. Os alunos estudam. Nós estudamos. Vocês estudam.*

Casos particulares:

- Quando o sujeito é uma **expressão partitiva** (**a maior parte de, metade de, o resto de,** etc.) seguida de nome ou pronome no plural — o verbo pode ir para o **singular** ou **plural**: *A maior parte dos livros são caros. A maior parte de nós viu o filme. O resto das flores murchou (ou murcharam).*

- Quando o sujeito exprime uma **quantidade aproximada** (**cerca de, mais de, menos de**) seguida de número plural — o verbo vai para o **plural**: *Cerca de duzentas pessoas assistiram ao içar da bandeira. Foram contemplados menos de vinte concorrentes.*

- Quando o sujeito é o **pronome relativo que:**

1. o verbo **concorda em número e pessoa** com o antecedente do pronome: *O aluno que faltou à aula está doente. Sou eu que vou buscá-lo. Fomos nós que o propusemos.*
2. se o antecedente é pronome demonstrativo, o verbo pode concordar com o pronome pessoal sujeito: *Fomos nós os que conseguimos achar a solução.*
Ou concordar com o demonstrativo, indo para a 3.ª pessoa: *És tu aquele que mais sabe do assunto.*
3. se o antecedente é **um dos, uma das,** seguido de **nome** (no **plural**), o verbo vai para a 3.ª pessoa do plural (mais frequentemente): *Uma das afirmações que mais me comoveram foi...*

- Quando o sujeito é o **pronome relativo quem:**

1. O verbo vai, regra geral, para a **3.ª pessoa do singular**: *Fui eu quem pediu silêncio. Agora és tu quem fala.*

2. Mais rara é a concordância do verbo com o antecedente de **quem**: *Fomos **nós quem pedimos** a audiência* (construção mais popular).

* Quando o sujeito é **pronome interrogativo, demonstrativo** ou **indefinido** seguido de expressões como **de nós, de vós, de vocês, dentre nós, dentre vós**:

1. se o pronome (interrogativo, demonstrativo ou indefinido) estiver no **singular**, o verbo vai para a **3.ª pessoa do singular**: *Qual de vocês estava presente? Nenhum de nós disse nada.*

2. se esses pronomes estiverem no **plural**, o verbo pode ir para a **3.ª pessoa do plural**, ou concordar com o pronome pessoal que designa o todo: *Quantos de nós querem o jornal? Quantos de vós não sois sonhadores? Muitos de nós adotámos a ideia. Alguns dentre nós manifestaram-se.*

* Quando se trata de **títulos de obras** e **nomes de lugar**, com forma de plural:

1. levam o verbo para o **singular**, se não forem precedidos de artigo: *Nus e Suplicantes retrata tipos de ambientes cosmopolitas. Fornos de Algodres é uma belíssima vila do distrito da Guarda.*

2. levam o verbo para o **plural**, se vêm antecedidos do artigo: *Os Lusíadas cantam «o peito ilustre lusitano». Os Estados Unidos influenciam a política mundial.*

* Quando o sujeito é **indeterminado**:

1. o verbo vai para a 3.ª pessoa do **plural**: *Dizem que vais para Paris.*

2. o verbo vai para a 3.ª pessoa do **singular**, se o sujeito indeterminado é representado pelo pronome **se**: *Diz-se que vais para Paris.*

II. **Com mais de um sujeito.**

Regra geral — o verbo que tem **sujeito composto** vai para o **plural**:

1. para a **1.ª pessoa do plural**, se entre os sujeitos houver um pronome pessoal da 1.ª pessoa: *Eu e tu somos os primeiros.*

2. para a **2.ª pessoa do plural**, se entre os sujeitos houver um pronome pessoal da 2.ª pessoa (e não existir sujeito de 1.ª pessoa): *Tu e os teus irmãos sereis bem recebidos.*

Contudo, o verbo pode ir para a 3.ª pessoa, tendo em conta que a 2.ª pessoa do plural pode ser representada pelo tratamento **vocês**, em vez de vós: *Tu e os teus irmãos serão bem recebidos.*

3. para a **3.ª pessoa do plural**, se os sujeitos forem da 3.ª pessoa: *O João e a Teresa podem ficar aqui.*

Casos particulares

• **Concordância com o sujeito mais próximo** — o verbo pode concordar com o sujeito mais próximo:

1. quando os sujeitos são sinónimos: ***A melancolia, a tristeza** numa criança **perturba**-me.*

2. quando os sujeitos vêm depois do verbo: ***Responda o Pedro e o João!***

• **Sujeitos resumidos por um pronome indefinido** — quando os sujeitos são resumidos por um pronome indefinido (como **tudo**, **nada, ninguém**), o verbo fica na **3.ª pessoa do singular**: *Luz, cor, movimento, **tudo era** sensacional. Alunos e professores **ninguém dizia** nada.*

• **Sujeitos ligados** por **ou** e por **nem** — se o sujeito é composto por substantivos (no singular) ligados por estas conjunções:

1. o verbo vai, geralmente, para o **plural**, sobretudo se o facto expresso por ele pode ser atribuído a todos os sujeitos: ***A Rita ou a Susana são** alunas pontuais. **Nem o cão nem o gato** me **incomodam***.

2. contudo, o verbo pode ir para o **singular**, se o facto expresso pelo verbo só pode ser atribuído a um dos sujeitos: ***O peixe ou o vinho fez-me mal***.

Formas de tratamento — A este propósito, é importante ter em conta que, no português contemporâneo, há várias formas de tratamento que, embora designem a **2.ª pessoa**, do singular ou do plural, levam o verbo para a **3.ª pessoa**, do singular ou do plural, respetivamente. É o caso, por exemplo, das formas pronominais **você** e **vocês**, de uso corrente.

1. Em Portugal, o tratamento por **tu** é o que traduz intimidade entre os interlocutores. É usado entre familiares, amigos ou colegas de trabalho: *(Tu) **vais** ao cinema, hoje?*

A forma pronominal **você** traduz um certo distanciamento (de idade, relação ou hierarquia), representando um tratamento igualitário ou de superior para inferior: *(Você) **vai** responder-lhe?*

No Brasil, o tratamento por **tu** é localizado, apenas em algumas regiões. **Você** é a forma utilizada pela maioria dos falantes e com valor de tratamento familiar, igualitário ou de superior para inferior.

2. Para a **2.ª pessoa do plural**, está praticamente caído em desuso o tratamento por **vós**. Generalizou-se, quer em Portugal, quer no Brasil, a forma pronominal **vocês**, como forma de tratamento familiar ou de superior para inferior: *Enquanto vocês conversam, eu vou lendo o jornal.*

3. Para a representação da **1.ª pessoa do plural**, é frequente a substituição do pronome pessoal **nós** pela expressão **a gente**, na linguagem coloquial. Também neste caso, o verbo vai para a **3.ª pessoa** (do singular): *A gente bem te avisou que vinha mau tempo!*

Concordância do verbo ser

1. Por vezes, o verbo **ser** concorda com o **predicativo**:

- nas orações iniciadas pelos pronomes interrogativos **que?** e **quem?**: *Que são beldroegas? Quem são os teus amigos?*
- quando o **sujeito** do verbo **ser** é o pronome demonstrativo neutro (**isto, isso, aquilo, o**) e o **predicativo** é um nome no **plural**: *Isso são rosas na tua vida. Aquilo são amores de verão!*
- quando o **sujeito** tem um sentido **coletivo** (**o resto, o mais**): *O resto são cantigas!*
- nas **orações impessoais**, com sentido temporal: *São três horas da tarde.*

2. Contudo, se o **sujeito** for **nome de pessoa** ou **pronome pessoal**, o verbo concorda, regra geral, com ele, seja qual for o número do predicativo: *O Pedro é todo gestos e sorrisos. Nós somos a alegria da casa.*

Observação: a expressão de realce **é que** — que é invariável e se coloca entre o sujeito e o verbo — não altera a regra geral de concordância: *Eu é que falo. Tu é que és o candidato? Nós é que fizemos a comunicação.*

VERBOS CONJUGADOS

Verbo TER

MODO INDICATIVO		MODO CONJUNTIVO	
Tempos simples	Tempos compostos	Tempos simples	Tempos compostos
Presente		**Presente**	
tenho		tenha	
tens		tenhas	
tem		tenha	
temos		tenhamos	
tendes		tenhais	
têm		tenham	
Pretérito imperfeito		**Pretérito imperfeito**	
tinha		tivesse	
tinhas		tivesses	
tinha		tivesse	
tínhamos		tivéssemos	
tínheis		tivésseis	
tinham		tivessem	
Pretérito perfeito		**Pretérito perfeito**	
tive	tenho tido		tenha tido
tiveste	tens tido		tenhas tido
teve	tem tido		tenha tido
tivemos	temos tido		tenham tido
tivestes	tendes tido		tenhais tido
tiveram	têm tido		tenham tido
Pretérito mais-que-perfeito		**Pretérito mais-que-perfeito**	
tivera	tinha tido		tivesse tido
tiveras	tinhas tido		tivesses tido
tivera	tinha tido		tivesse tido
tivéramos	tínhamos tido		tivéssemos tido
tivéreis	tínheis tido		tivésseis tido
tiveram	tinham tido		tivessem tido
Futuro do presente		**Futuro**	
terei	terei tido	tiver	tiver tido
terás	terás tido	tiveres	tiveres tido
terá	terá tido	tiver	tiver tido
teremos	teremos tido	tivermos	tivermos tido
tereis	tereis tido	tiverdes	tiverdes tido
terão	terão tido	tiverem	tiverem tido
Futuro do pretérito			
teria	teria tido		
terias	terias tido		
teria	teria tido		
teríamos	teríamos tido		
teríeis	teríeis tido		
teriam	teriam tido		

FORMAS NOMINAIS	
Infinitivo impessoal	
ter	ter tido
Infinitivo pessoal	
ter	ter tido
teres	teres tido
ter	ter tido
termos	termos tido
terdes	terdes tido
terem	terem tido
Gerúndio	
tendo	tendo tido
Particípio	
tido	

MODO IMPERATIVO	
Afirmativo	Negativo
tem (tu)	não tenhas
tenha (você)	não tenha
tenhamos (nós)	não tenhamos
tende (vós)	não tenhais
tenham (vocês)	não tenham

Obs. — 1. As formas compostas não se utilizam quando o verbo **ter** é auxiliar dos tempos compostos de outros verbos. 2. Como **ter**, conjugam-se todos os seus derivados: **abster-se**, **ater-se**, **conter**, **deter**, **entreter**, **obter**, **reter** e **suster**. Apenas se distinguem, nestes, a 2.ª e a 3.ª pessoas do singular do presente do indicativo e a 2.ª do singular do imperativo afirmativo por serem acentuadas graficamente na última sílaba (**deténs**, **detém**, **detém tu**), de acordo com as regras ortográficas vigentes.

Verbo HAVER

MODO INDICATIVO		MODO CONJUNTIVO	
Tempos simples	**Tempos compostos**	**Tempos simples**	**Tempos compostos**
Presente		**Presente**	
hei		haja	
hás		hajas	
há		haja	
havemos		hajamos	
haveis		hajais	
hão		hajam	
Pretérito imperfeito		**Pretérito imperfeito**	
havia		houvesse	
havias		houvesses	
havia		houvesse	
havíamos		houvéssemos	
havíeis		houvésseis	
haviam		houvessem	
Pretérito perfeito		**Pretérito perfeito**	
houve			
houveste			
houve	tem havido		tenha havido
houvemos			
houvestes			
houveram			
Pretérito mais-que-perfeito		**Pretérito mais-que-perfeito**	
houvera			
houveras			
houvera	tinha havido		tivesse havido
houvéramos			
houvéreis			
houveram			
Futuro do presente		**Futuro**	
haverei		houver	
haverás		houveres	
haverá	terá havido	houver	tiver havido
haveremos		houvermos	
havereis		houverdes	
haverão		houverem	
Futuro do pretérito			
haveria			
haverias			
haveria	teria havido		

FORMAS NOMINAIS

Infinitivo impessoal

haver

Infinitivo pessoal

haver	
haveres	
haver	ter havido
havermos	
haverdes	
haverem	

Gerúndio

havendo   tendo havido

Particípio

havido

MODO IMPERATIVO

Afirmativo	Negativo
desusado	não hajas
haja (você)	não haja
hajamos (nós)	não hajamos
havei (vós)	não hajais
hajam (vocês)	não hajam

Obs. — 1. É pouco frequente a utilização do verbo **haver** como auxiliar dos tempos compostos. 2. As formas compostas apenas se utilizam quando o verbo **haver** significa **existir**.

Verbo SER

MODO INDICATIVO		MODO CONJUNTIVO	
Tempos simples	Tempos compostos	Tempos simples	Tempos compostos
Presente		**Presente**	
sou		seja	
és		sejas	
é		seja	
somos		sejamos	
sois		sejais	
são		sejam	
Pretérito imperfeito		**Pretérito imperfeito**	
era		fosse	
eras		fosses	
era		fosse	
éramos		fôssemos	
éreis		fôsseis	
eram		fossem	
Pretérito perfeito		**Pretérito perfeito**	
fui	tenho sido		tenha sido
foste	tens sido		tenhas sido
foi	tem sido		tenha sido
fomos	temos sido		tenhamos sido
fostes	tendes sido		tenhais sido
foram	têm sido		tenham sido
Pretérito mais-que-perfeito		**Pretérito mais-que-perfeito**	
fora	tinha sido		tivesse sido
foras	tinhas sido		tivesses sido
fora	tinha sido		tivesse sido
fôramos	tínhamos sido		tivéssemos sido
fôreis	tínheis sido		tivésseis sido
foram	tinham sido		tivesse sido
Futuro do presente		**Futuro**	
serei	terei sido	for	tiver sido
serás	terás sido	fores	tiveres sido
será	terá sido	for	tiver sido
seremos	teremos sido	formos	tivermos sido
sereis	tereis sido	fordes	tiverdes sido
serão	terão sido	forem	tiverem sido
Futuro do pretérito		**FORMAS NOMINAIS**	
seria	teria sido		
serias	terias sido	**Infinitivo impessoal**	
seria	teria sido	ser	ter sido
seríamos	teríamos sido	**Infinitivo pessoal**	
seríeis	teríeis sido	ser	ter sido
seriam	teriam sido	seres	teres sido
MODO IMPERATIVO		ser	ter sido
		sermos	termos sido
Afirmativo	**Negativo**	serdes	terdes sido
sê (tu)	não sejas	serem	terem sido
seja (você)	não seja	**Gerúndio**	
sejamos (nós)	não sejamos	sendo	tendo sido
sede (vós)	não sejais	**Particípio**	
sejam (vocês)	não sejam	sido	

Verbo ESTAR

MODO INDICATIVO		MODO CONJUNTIVO	
Tempos simples	Tempos compostos	Tempos simples	Tempos compostos
Presente		**Presente**	
estou		esteja	
estás		estejas	
está		esteja	
estamos		estejamos	
estais		estejais	
estão		estejam	
Pretérito imperfeito		**Pretérito imperfeito**	
estava		estivesse	
estavas		estivesses	
estava		estivesse	
estávamos		estivéssemos	
estáveis		estivésseis	
estavam		estivessem	
Pretérito perfeito		**Pretérito perfeito**	
estive	tenho estado		tenha estado
estiveste	tens estado		tenhas estado
esteve	tem estado		tenha estado
estivemos	temos estado		tenhamos estado
estivestes	tendes estado		tenhais estado
estiveram	têm estado		tenham estado
Pretérito mais-que-perfeito		**Pretérito mais-que-perfeito**	
estivera	tinha estado		tivesse estado
estiveras	tinhas estado		tivesses estado
estivera	tinha estado		tivesse estado
estivéramos	tínhamos estado		tivéssemos estado
estivéreis	tínheis estado		tivésseis estado
estiveram	tinham estado		tivessem estado
Futuro do presente		**Futuro**	
estarei	terei estado	estiver	tiver estado
estarás	terás estado	estiveres	tiveres estado
estará	terá estado	estiver	tiver estado
estaremos	teremos estado	estivermos	tivermos estado
estareis	tereis estado	estiverdes	tiverdes estado
estarão	terão estado	estiverem	tiverem estado
Futuro do pretérito			
estaria	teria estado		
estarias	terias estado		
estaria	teria estado		
estaríamos	teríamos estado		
estaríeis	teríeis estado		
estariam	teriam estado		

FORMAS NOMINAIS	
Infinitivo impessoal	
estar	ter estado
Infinitivo pessoal	
estar	ter estado
estares	teres estado
estar	ter estado
estarmos	termos estado
estardes	terdes estado
estarem	terem estado
Gerúndio	
estando	tendo estado
Particípio	
estado	

MODO IMPERATIVO	
Afirmativo	Negativo
está (tu)	não estejas
esteja (você)	não esteja
estejamos (nós)	não estejamos
estai (vós)	não estejais
estejam (vocês)	não estejam

VERBOS REGULARES

VOZ PASSIVA
VOZ REFLEXIVA
CONJUGAÇÃO PRONOMINAL

Verbo ANDAR – 1.ª conjugação

MODO INDICATIVO		MODO CONJUNTIVO	
Tempos simples	Tempos compostos	Tempos simples	Tempos compostos
Presente		**Presente**	
ando		ande	
andas		andes	
anda		ande	
andamos		andemos	
andais		andeis	
andam		andem	
Pretérito imperfeito		**Pretérito imperfeito**	
andava		andasse	
andavas		andasses	
andava		andasse	
andávamos		andássemos	
andáveis		andásseis	
andavam		andassem	
Pretérito perfeito		**Pretérito perfeito**	
andei	tenho andado		tenha andado
andaste	tens andado		tenhas andado
andou	tem andado		tenha andado
andámos/andamos	temos andado		tenhamos andado
andastes	tendes andado		tenhais andado
andaram	têm andado		tenham andado
Pretérito mais-que-perfeito		**Pretérito mais-que-perfeito**	
andara	tinha andado		tivesse andado
andaras	tinhas andado		tivesses andado
andara	tinha andado		tivesse andado
andáramos	tínhamos andado		tivéssemos andado
andáreis	tínheis andado		tivésseis andado
andaram	tinham andado		tivessem andado
Futuro do presente		**Futuro**	
andarei	terei andado	andar	tiver andado
andarás	terás andado	andares	tiveres andado
andará	terá andado	andar	tiver andado
andaremos	teremos andado	andarmos	tivermos andado
andareis	tereis andado	andardes	tiverdes andado
andarão	terão andado	andarem	tiverem andado
Futuro do pretérito		**FORMAS NOMINAIS**	
andaria	teria andado		
andarias	terias andado	**Infinitivo impessoal**	
andaria	teria andado	andar	ter andado
andaríamos	teríamos andado	**Infinitivo pessoal**	
andaríeis	teríeis andado	andar	ter andado
andariam	teriam andado	andares	teres andado
MODO IMPERATIVO		andar	ter andado
		andarmos	termos andado
Afirmativo	**Negativo**	andardes	terdes andado
anda (tu)	não andes	andarem	terem andado
ande (você)	não ande	**Gerúndio**	
andemos (nós)	não andemos	andando	tendo andado
andai (vós)	não andeis	**Particípio**	
andem (vocês)	não andem	andado	

Verbo VIVER – 2.ª conjugação

MODO INDICATIVO		MODO CONJUNTIVO	
Tempos simples	Tempos compostos	Tempos simples	Tempos compostos
Presente		**Presente**	
vivo		viva	
vives		vivas	
vive		viva	
vivemos		vivamos	
viveis		vivais	
vivem		vivam	
Pretérito imperfeito		**Pretérito imperfeito**	
vivia		vivesse	
vivias		vivesses	
vivia		vivesse	
vivíamos		vivêssemos	
vivíeis		vivêsseis	
viviam		vivessem	
Pretérito perfeito		**Pretérito perfeito**	
vivi	tenho vivido		tenha vivido
viveste	tens vivido		tenhas vivido
viveu	tem vivido		tenha vivido
vivemos	temos vivido		tenhamos vivido
vivestes	tendes vivido		tenhais vivido
viveram	têm vivido		tenham vivido
Pretérito mais-que-perfeito		**Pretérito mais-que-perfeito**	
vivera	tinha vivido		tivesse vivido
viveras	tinhas vivido		tivesses vivido
vivera	tinha vivido		tivesse vivido
vivêramos	tínhamos vivido		tivéssemos vivido
vivêreis	tínheis vivido		tivésseis vivido
viveram	tinham vivido		tivessem vivido
Futuro do presente		**Futuro**	
viverei	terei vivido	viver	tiver vivido
viverás	terás vivido	viveres	tiveres vivido
viverá	terá vivido	viver	tiver vivido
viveremos	teremos vivido	vivermos	tivermos vivido
vivereis	tereis vivido	viverdes	tiverdes vivido
viverão	terão vivido	viverem	tiverem vivido
Futuro do pretérito			
viveria	teria vivido		

FORMAS NOMINAIS	

Futuro do pretérito (cont.)	
viverias	terias vivido
viveria	teria vivido
viveríamos	teríamos vivido
viveríeis	teríeis vivido
viveriam	teriam vivido

Infinitivo impessoal	
viver	ter vivido
Infinitivo pessoal	
viver	ter vivido
viveres	teres vivido
viver	ter vivido
vivermos	termos vivido
viverdes	terdes vivido
viverem	terem vivido
Gerúndio	
vivendo	tendo vivido
Particípio	
vivido	

MODO IMPERATIVO

Afirmativo	Negativo
vive (tu)	não vivas
viva (você)	não viva
vivamos (nós)	não vivamos
vivei (vós)	não vivais
vivam (vocês)	não vivam

Verbo PARTIR – 3.ª conjugação

MODO INDICATIVO		MODO CONJUNTIVO	
Tempos simples	**Tempos compostos**	**Tempos simples**	**Tempos compostos**
Presente		**Presente**	
parto		parta	
partes		partas	
parte		parta	
partimos		partamos	
partis		partais	
partem		partam	
Pretérito imperfeito		**Pretérito imperfeito**	
partia		partisse	
partias		partisses	
partia		partisse	
partíamos		partíssemos	
partíeis		partísseis	
partiam		partissem	
Pretérito perfeito		**Pretérito perfeito**	
parti	tenho partido		tenha partido
partiste	tens partido		tenhas partido
partiu	tem partido		tenha partido
partimos	temos partido		tenhamos partido
partistes	tens partido		tenhais partido
partiram	têm partido		tenham partido
Pretérito mais-que-perfeito		**Pretérito mais-que-perfeito**	
partira	tinha partido		tivesse partido
partiras	tinhas partido		tivesses partido
partira	tinha partido		tivesse partido
partíramos	tínhamos partido		tivéssemos partido
partíreis	tínheis partido		tivésseis partido
partiram	tinham partido		tivessem partido
Futuro do presente		**Futuro**	
partirei	terei partido	partir	tiver partido
partirás	terás partido	partires	tiveres partido
partirá	terá partido	partir	tiver partido
partiremos	teremos partido	partirmos	tivermos partido
partireis	tereis partido	partirdes	tiverdes partido
partirão	terão partido	partirem	tiverem partido
Futuro do pretérito			
partiria	teria partido		
partirias	terias partido		
partiria	teria partido		
partiríamos	teríamos partido		
partiríeis	teríeis partido		
partiriam	teriam partido		

FORMAS NOMINAIS

Infinitivo impessoal

partir	ter partido

Infinitivo pessoal

partir	ter partido
partires	teres partido
partir	ter partido
partirmos	termos partido
partirdes	terdes partido
partirem	terem partido

Gerúndio

partindo	tendo partido

Particípio

partido

MODO IMPERATIVO

Afirmativo	Negativo
parte (tu)	não partas
parta (você)	não parta
partamos (nós)	não partamos
parti (vós)	não partais
partam (vocês)	não partam

Conjugação do verbo na voz passiva
Modelo: SER AJUDADO

MODO INDICATIVO		MODO CONJUNTIVO	
Tempos simples	Tempos compostos	Tempos simples	Tempos compostos

MODO INDICATIVO

Presente

sou ajudado (-a)
és ajudado (-a)
é ajudado (-a)
somos ajudados (-as)
sois ajudados (-as)
são ajudados (-as)

Pretérito imperfeito

era ajudado (-a)
eras ajudado (-a)
era ajudado (-a)
éramos ajudados (-as)
éreis ajudados (-as)
eram ajudados (-as)

Pretérito perfeito

Tempos simples	Tempos compostos
fui ajudado (-a)	tenho sido ajudado (-a)
foste ajudado (-a)	tens sido ajudado (-a)
foi ajudado (-a)	tem sido ajudado (-a)
fomos ajudados (-as)	temos sido ajudados (-as)
fostes ajudados (-as)	tendes sido ajudados (-as)
foram ajudados (-as)	têm sido ajudados (-as)

Pretérito mais-que-perfeito

Tempos simples	Tempos compostos
fora ajudado (-a)	tinha sido ajudado (-a)
foras ajudado (-a)	tinhas sido ajudado (-a)
fora ajudado (-a)	tinha sido ajudado (-a)
fôramos ajudados (-as)	tínhamos sido ajudados (-as)
fôreis ajudados (-as)	tínheis sido ajudados (-as)
foram ajudados (-as)	tinham sido ajudados (-as)

Futuro do presente

Tempos simples	Tempos compostos
serei ajudado (-a)	terei sido ajudado (-a)
serás ajudado (-a)	terás sido ajudado (-a)
será ajudado (-a)	terá sido ajudado (-a)
seremos ajudados (-as)	teremos sido ajudados (-as)
sereis ajudados (-as)	tereis sido ajudados (-as)
serão ajudados (-as)	terão sido ajudados (-as)

Futuro do pretérito

Tempos simples	Tempos compostos
seria ajudado (-a)	teria sido ajudado (-a)
serias ajudado (-a)	terias sido ajudado (-a)
seria ajudado (-a)	teria sido ajudado (-a)
seríamos ajudados (-as)	teríamos sido ajudados (-as)
seríeis ajudados (-as)	teríeis sido ajudados (-as)
seriam ajudados (-as)	teriam sido ajudados (-as)

MODO CONJUNTIVO

Presente

seja ajudado (-a)
sejas ajudado (-a)
seja ajudado (-a)
sejamos ajudados (-as)
sejais ajudados (-as)
sejam ajudados (-as)

Pretérito imperfeito

fosse ajudado (-a)
fosses ajudado (-a)
fosse ajudado (-a)
fôssemos ajudados (-as)
fôsseis ajudados (-as)
fossem ajudados (-as)

Pretérito perfeito

tenha sido ajudado (-a)
tenhas sido ajudado (-a)
tenha sido ajudado (-a)
tenhamos sido ajudados (-as)
tenhais sido ajudados (-as)
tenham sido ajudados (-as)

Pretérito mais-que-perfeito

tivesse sido ajudado (-a)
tivesses sido ajudado (-a)
tivesse sido ajudado (-a)
tivéssemos sido ajudados (-as)
tivésseis sido ajudados (-as)
tivessem sido ajudados (-as)

Futuro

Tempos simples	Tempos compostos
for ajudado (-a)	tiver sido ajudado (-a)
fores ajudado (-a)	tiveres sido ajudado (-a)
for ajudado (-a)	tiver sido ajudado (-a)
formos ajudados (-as)	tivermos sido ajudados (-as)
fordes ajudados (-as)	tiverdes sido ajudados (-as)
forem ajudados (-as)	tiverem sido ajudados (-as)

FORMAS NOMINAIS

Infinitivo impessoal

ser ajudado (-a)	ter sido ajudado (-a)

Infinitivo pessoal

ser ajudado (-a)	ter sido ajudado (-a)
seres ajudado (-a)	teres sido ajudado (-a)
ser ajudado (-a)	ter sido ajudado (-a)
sermos ajudados (-as)	termos sido ajudados (-as)
serdes ajudados (-as)	terdes sido ajudados (-as)
serem ajudados (-as)	terem sido ajudados (-as)

Gerúndio

sendo ajudado (-a, -os, -as)   tendo sido ajudado (-a, -os, -as)

Particípio

ajudado (-a, -os, -as)

Obs. — Na voz passiva não se usa imperativo.

Conjugação do verbo na voz reflexiva
Modelo: LEMBRAR-SE

MODO INDICATIVO

Com o pronome enclítico | **Com o pronome proclítico**

Presente

lembro-me	eu me lembro
lembras-te	tu te lembras
lembra-se	ele se lembra
lembramo-nos	nós nos lembramos
lembrais-vos	vós vos lembrais
lembram-se	eles se lembram

Pretérito Imperfeito

lembrava-me	eu me lembrava
lembravas-te	tu te lembravas
lembrava-se	ele se lembrava
lembrávamo-nos	nós nos lembrávamos
lembráveis-vos	vós vos lembráveis
lembravam-se	eles se lembravam

Pretérito perfeito simples

lembrei-me	eu me lembrei
lembraste-te	tu te lembraste
lembrou-se	ele se lembrou
lembrámo-nos/lembramo-nos	nós nos lembrámos/lembramos
lembrastes-vos	vós vos lembrastes
lembraram-se	eles se lembraram

Pretérito perfeito composto

tenho-me lembrado	eu me tenho lembrado
tens-te lembrado	tu te tens lembrado
tem-se lembrado	ele se tem lembrado
temo-nos lembrado	nós nos temos lembrado
tendes-vos lembrado	vós vos tendes lembrado
têm-se lembrado	eles se têm lembrado

Pretérito mais-que-perfeito simples

lembrara-me	eu me lembrara
lembraras-te	tu te lembraras
lembrara-se	ele se lembrara
lembráramo-nos	nós nos lembráramos
lembráreis-vos	vós vos lembráreis
lembraram-se	eles se lembraram

Pretérito mais-que-perfeito composto

tinha-me lembrado	eu me tinha lembrado
tinhas-te lembrado	tu te tinhas lembrado
tinha-se lembrado	ele se tinha lembrado
tínhamo-nos lembrado	nós nos tínhamos lembrado
tínheis-vos lembrado	vós vos tínheis lembrado
tinham-se lembrado	eles se tinham lembrado

Com o pronome mesoclítico | **Com o pronome proclítico**

Futuro do presente simples

lembrar-me-ei	eu me lembrarei
lembrar-te-ás	tu te lembrarás
lembrar-se-á	ele se lembrará
lembrar-nos-emos	nós nos lembraremos
lembrar-vos-eis	vós vos lembrareis
lembrar-se-ão	eles se lembrarão

Futuro do presente composto

ter-me-ei lembrado	eu me terei lembrado
ter-te-ás lembrado	tu te terás lembrado
ter-se-á lembrado	ele se terá lembrado
ter-nos-emos lembrado	nós nos teremos lembrado
ter-vos-eis lembrado	vós vos tereis lembrado
ter-se-ão lembrado	eles se terão lembrado

Futuro do pretérito simples

lembrar-me-ia	eu me lembraria
lembrar-te-ias	tu te lembrarias
lembrar-se-ia	ele se lembraria
lembrar-nos-íamos	nós nos lembraríamos
lembrar-vos-íeis	vós vos lembraríeis
lembrar-se-iam	eles se lembrariam

Futuro do pretérito composto

ter-me-ia lembrado	eu me teria lembrado
ter-te-ias lembrado	tu te terias lembrado
ter-se-ia lembrado	ele se teria lembrado
ter-nos-íamos lembrado	nós nos teríamos lembrado
ter-vos-íeis lembrado	vós vos teríeis lembrado
ter-se-iam lembrado	eles se teriam lembrado

MODO CONJUNTIVO

Com o pronome enclítico | **Com o pronome proclítico**

Presente

lembre-me	eu me lembre
lembres-te	tu te lembres
lembre-se	ele se lembre
lembremo-nos	nós nos lembremos
lembreis-vos	vós vos lembreis
lembrem-se	eles se lembrem

Pretérito imperfeito

lembrasse-me	eu me lembrasse
lembrasses-te	tu te lembrasses
lembrasse-se	ele se lembrasse
lembrássemo-nos	nós nos lembrássemos
lembrásseis-vos	vós vos lembrásseis
lembrassem-se	eles se lembrassem

Com o pronome enclítico	Com o pronome proclítico	Com o pronome enclítico	Com o pronome proclítico

Pretérito perfeito

(Não se usa com o pronome enclítico)
- eu me tenha lembrado
- tu te tenhas lembrado
- ele se tenha lembrado
- nós nos tenhamos lembrado
- vós vos tenhais lembrado
- eles se tenham lembrado

Infinitivo impessoal simples

lembrar-se   se lembrar

Infinitivo impessoal composto

ter-se lembrado   se ter lembrado

Pretérito mais-que-perfeito

tivesse-me lembrado	eu me tivesse lembrado
tivesses-te lembrado	tu te tivesses lembrado
tivesse-se lembrado	ele se tivesse lembrado
tivéssemo-nos lembrado	nós nos tivéssemos lembrado
tivésseis-vos lembrado	vós vos tivésseis lembrado
tivessem-se lembrado	eles se tivessem lembrado

Infinitivo pessoal simples

lembrar-me	eu me lembrar
lembrares-te	tu te lembrares
lembrar-se	ele se lembrar
lembrarmo-nos	nós nos lembrarmos
lembrardes-vos	vós vos lembrardes
lembrarem-se	eles se lembrarem

Futuro simples

(Não se usa com o pronome enclítico)
- eu me lembrar
- tu te lembrares
- ele se lembrar
- nós nos lembrarmos
- vós vos lembrardes
- eles se lembrarem

Infinitivo pessoal composto

ter-me lembrado	eu me ter lembrado
teres-te lembrado	tu te teres lembrado
ter-se lembrado	ele se ter lembrado
termo-nos lembrado	nós nos termos lembrado
terdes-vos lembrado	vós vos terdes lembrado
terem-se lembrado	eles se terem lembrado

Futuro composto

(Não se usa com o pronome enclítico)
- eu me tiver lembrado
- tu te tiveres lembrado
- ele se tiver lembrado
- nós nos tivermos lembrado
- vós vos tiverdes lembrado
- eles se tiverem lembrado

Gerúndio simples

lembrando-se   se lembrando

Gerúndio composto

tendo-se lembrado   se tendo lembrado

Afirmativo

- lembra-te   (Não pode vir proclítico o pronome)
- lembre-se
- lembremo-nos
- lembrai-vos
- lembrem-se

Negativo

(Não se usa com o pronome enclítico)
- não te lembres
- não se lembre
- não nos lembremos
- não vos lembreis
- não se lembrem

Conjugação de um verbo pronominal
Modelo: ESCREVER + O

MODO INDICATIVO

Com o pronome enclítico	Com o pronome proclítico
Presente	
escrevo-o	eu o escrevo
escreve-lo	tu o escreves
escreve-o	ele o escreve
escrevemo-lo	nós o escrevemos
escrevei-lo	vós o escreveis
escrevem-no	eles o escrevem
Pretérito imperfeito	
escrevia-o	eu o escrevia
escrevia-lo	tu o escrevias
escrevia-o	ele o escrevia
escrevíamo-lo	nós o escrevíamos
escrevíei-lo	vós o escrevíeis
escreviam-no	eles o escreviam
Pretérito perfeito simples	
escrevi-o	eu o escrevi
escreveste-o	tu o escreveste
escreveu-o	ele o escreveu
escrevemo-lo	nós o escrevemos
escreveste-lo	vós o escrevestes
escreveram-no	eles o escreveram
Pretérito perfeito composto	
tenho-o escrito	eu o tenho escrito
tem-lo escrito	tu o tens escrito
tem-no escrito	ele o tem escrito
temo-lo escrito	nós o temos escrito
tende-lo escrito	vós o tendes escrito
têm-no escrito	eles o têm escrito
Pretérito mais-que-perfeito simples	
escrevera-o	eu o escrevera
escrevera-lo	tu o escreveras
escrevera-o	ele o escrevera
escrevêramo-lo	nós o escrevêramos
escrevêrei-lo	vós o escrevêreis
escreveram-no	eles o escreveram
Pretérito mais-que-perfeito composto	
tinha-o escrito	eu o tinha escrito
tinha-lo escrito	tu o tinhas escrito
tinha-o escrito	ele o tinha escrito
tínhamo-lo escrito	nós o tínhamos escrito
tínhei-lo escrito	vós o tínheis escrito
tinham-no escrito	eles o tinham escrito

Com o pronome mesoclítico	Com o pronome proclítico
Futuro do presente simples	
escrevê-lo-ei	eu o escreverei
escrevê-lo-ás	tu o escreverás
escrevê-lo-á	ele o escreverá
escrevê-lo-emos	nós o escreveremos
escrevê-lo-eis	vós o escrevereis
escrevê-lo-ão	eles o escreverão
Futuro do presente composto	
tê-lo-ei escrito	eu o terei escrito
tê-lo-ás escrito	tu o terás escrito
tê-lo-á escrito	ele o terá escrito
tê-lo-emos escrito	nós o teremos escrito
tê-lo-eis escrito	vós o tereis escrito
tê-lo-ão escrito	eles o terão escrito
Futuro do pretérito simples	
escrevê-lo-ia	eu o escreveria
escrevê-lo-ias	tu o escreverias
escrevê-lo-ia	ele o escreveria
escrevê-lo-íamos	nós o escreveríamos
escrevê-lo-íeis	vós o escreveríeis
escrevê-lo-iam	eles o escreveriam
Futuro do pretérito composto	
tê-lo-ia escrito	eu o teria escrito
tê-lo-ias escrito	tu o terias escrito
tê-lo-ia escrito	ele o teria escrito
tê-lo-íamos escrito	nós o teríamos escrito
tê-lo-íeis escrito	vós o teríeis escrito
tê-lo-iam escrito	eles o teriam escrito

MODO CONJUNTIVO

Com o pronome enclítico	Com o pronome proclítico
Presente	
escreva-o	eu o escreva
escreva-lo	tu o escrevas
escreva-o	ele o escreva
escrevamo-lo	nós o escrevamos
escrevai-lo	vós o escrevais
escrevam-no	eles o escrevam
Pretérito imperfeito	
escrevesse-o	eu o escrevesse
escrevesse-lo	tu o escrevesses
escrevesse-o	ele o escrevesse
escrevêssemo-lo	nós o escrevêssemos
escrevêssei-lo	vós o escrevêsseis
escrevessem-no	eles o escrevessem

MODO CONJUNTIVO		FORMAS NOMINAIS	
Com o pronome enclítico	Com o pronome proclítico	Com o pronome enclítico	Com o pronome proclítico

Pretérito perfeito

(Não se usa com o pronome enclítico)	eu o tenha escrito		
	tu o tenhas escrito		
	ele o tenha escrito		
	nós o tenhamos escrito		
	vós o tenhais escrito		
	eles o tenham escrito		

Infinitivo impessoal simples

escrevê-lo   o escrever

Pretérito mais-que-perfeito

Infinitivo impessoal composto

tê-lo escrito   o ter escrito

tivesse-o escrito	eu o tivesse escrito
tivesse-lo escrito	tu o tivesses escrito
tivesse-o escrito	ele o tivesse escrito
tivéssemo-lo escrito	nós o tivéssemos escrito
tivéssei-lo escrito	vós o tivésseis escrito
tivessem-no escrito	eles o tivessem escrito

Infinitivo pessoal simples

escrevê-lo	eu o escrever
escrevere-lo	tu o escreveres
escrevê-lo	ele o escrever
escrevermo-lo	nós o escrevermos
escreverde-lo	vós o escreverdes
escreverem-no	eles o escreverem

Futuro simples

(Não se usa com o pronome enclítico)	eu o escrever
	tu o escreveres
	ele o escrever
	nós o escrevermos
	vós o escreverdes
	eles o escreverem

Infinitivo pessoal composto

tê-lo escrito	eu o ter escrito
tere-lo escrito	tu o teres escrito
tê-lo escrito	ele o ter escrito
termo-lo escrito	nós o termos escrito
terde-lo escrito	vós o terdes escrito
terem-no escrito	eles o terem escrito

Futuro composto

(Não se usa com o pronome enclítico)	eu o tiver escrito
	tu o tiveres escrito
	ele o tiver escrito
	nós o tivermos escrito
	vós o tiverdes escrito
	eles o tiverem escrito

Gerúndio simples

escrevendo-o   o escrevendo

Gerúndio composto

tendo-o escrito   o tendo escrito

MODO IMPERATIVO

Afirmativo

escreve-o	(Não pode vir proclítico o pronome)
escreva-o	
escrevamo-lo	
escrevei-o	
escrevam-no	

Negativo

(Não se usa com o pronome enclítico)	não o escrevas
	não o escreva
	não o escrevamos
	não o escrevais
	não o escrevam

VERBOS COM ALTERAÇÃO FONÉTICA DO RADICAL

Modelo: BOIAR

MODO INDICATIVO		MODO CONJUNTIVO	
Tempos simples	**Tempos compostos**	**Tempos simples**	**Tempos compostos**
Presente		**Presente**	
boio		boie	
boias		boies	
boia		boie	
boiamos		boiemos	
boiais		boieis	
boiam		boiem	
Pretérito imperfeito		**Pretérito imperfeito**	
boiava		boiasse	
boiavas		boiasses	
boiava		boiasse	
boiávamos		boiássemos	
boiáveis		boiásseis	
boiavam		boiassem	
Pretérito perfeito		**Pretérito perfeito**	
boiei	tenho boiado		tenha boiado
boiaste	tens boiado		tenhas boiado
boiou	tem boiado		tenha boiado
boiámos/boiamos	temos boiado		tenhamos boiado
boiastes	tendes boiado		tenhais boiado
boiaram	têm boiado		tenham boiado
Pretérito mais-que-perfeito		**Pretérito mais-que-perfeito**	
boiara	tinha boiado		tivesse boiado
boiaras	tinhas boiado		tivesses boiado
boiara	tinha boiado		tivesse boiado
boiáramos	tínhamos boiado		tivéssemos boiado
boiáreis	tínheis boiado		tivésseis boiado
boiaram	tinham boiado		tivessem boiado
Futuro do presente		**Futuro**	
boiarei	terei boiado	boiar	tiver boiado
boiarás	terás boiado	boiares	tiveres boiado
boiará	terá boiado	boiar	tiver boiado
boiaremos	teremos boiado	boiarmos	tivermos boiado
boiareis	tereis boiado	boiardes	tiverdes boiado
boiarão	terão boiado	boiarem	tiverem boiado
Futuro do pretérito		**FORMAS NOMINAIS**	
boiaria	teria boiado		
boiarias	terias boiado	**Infinitivo impessoal**	
boiaria	teria boiado	boiar	ter boiado
boiaríamos	teríamos boiado	**Infinitivo pessoal**	
boiaríeis	teríeis boiado	boiar	ter boiado
boiariam	teriam boiado	boiares	teres boiado
MODO IMPERATIVO		boiar	ter boiado
		boiarmos	termos boiado
Afirmativo	**Negativo**	boiardes	terdes boiado
		boiarem	terem boiado
boia	não **boies**	**Gerúndio**	
boie	não **boie**	boiando	tendo boiado
boiemos	não boiemos	**Particípio**	
boiai	não boieis	boiado	
boiem	não **boiem**		

Obs. — 1. Os verbos terminados em **-oiar** conservam o ditongo **oi** em toda a conjugação. O ditongo é aberto quando é tónico. 2. O verbo **apoiar** conserva o ditongo semifechado em toda a conjugação.

Modelo: COBRAR

MODO INDICATIVO		MODO CONJUNTIVO	
Tempos simples	Tempos compostos	Tempos simples	Tempos compostos
Presente		**Presente**	
cobro		cobre	
cobras		cobres	
cobro		cobre	
cobramos		cobremos	
cobrais		cobreis	
cobram		cobrem	
Pretérito imperfeito		**Pretérito imperfeito**	
cobrava		cobrasse	
cobravas		cobrasses	
cobrava		cobrasse	
cobrávamos		cobrássemos	
cobráveis		cobrásseis	
cobravam		cobrassem	
Pretérito perfeito		**Pretérito perfeito**	
cobrei	tenho cobrado		tenha cobrado
cobraste	tens cobrado		tenhas cobrado
cobrou	tem cobrado		tenha cobrado
cobrámos/cobramos	temos cobrado		tenhamos cobrado
cobrastes	tendes cobrado		tenhais cobrado
cobraram	têm cobrado		tenham cobrado
Pretérito mais-que-perfeito		**Pretérito mais-que-perfeito**	
cobrara	tinha cobrado		tivesse cobrado
cobraras	tinhas cobrado		tivesses cobrado
cobrara	tinha cobrado		tivesse cobrado
cobráramos	tínhamos cobrado		tivéssemos cobrado
cobráreis	tínheis cobrado		tivésseis cobrado
cobraram	tinham cobrado		tivessem cobrado
Futuro do presente		**Futuro**	
cobrarei	terei cobrado	cobrar	tiver cobrado
cobrarás	terás cobrado	cobrares	tiveres cobrado
cobrará	terá cobrado	cobrar	tiver cobrado
cobraremos	teremos cobrado	cobrarmos	tivermos cobrado
cobrareis	tereis cobrado	cobrardes	tiverdes cobrado
cobrarão	terão cobrado	cobrarem	tiverem cobrado
Futuro do pretérito		**FORMAS NOMINAIS**	
cobraria	teria cobrado		
cobrarias	terias cobrado	**Infinitivo impessoal**	
cobraria	teria cobrado	cobrar	ter cobrado
cobraríamos	teríamos cobrado	**Infinitivo pessoal**	
cobraríeis	teríeis cobrado	cobrar	ter cobrado
cobrariam	teriam cobrado	cobrares	teres cobrado
MODO IMPERATIVO		cobrar	ter cobrado
		cobrarmos	termos cobrado
Afirmativo	Negativo	cobrardes	terdes cobrado
		cobrarem	terem cobrado
cobra	não cobres	**Gerúndio**	
cobre	não cobre	cobrando	tendo cobrado
cobremos	não cobremos	**Particípio**	
cobrai	não cobreis	cobrado	
cobrem	não cobrem		

Obs. — Na 1.ª, 2.ª e 3.ª pessoas do singular e na 3.ª do plural do **presente do indicativo** e do **conjuntivo**, bem como no **imperativo** (exceto na 1.ª e 2.ª do plural), a vogal fechada do radical [u] é substituída pela vogal semiaberta [ɔ]. Contudo, se a referida vogal é seguida de consoante nasal articulada (**m**, **n** ou **nh**), passa a semifechada. Ex.: embr**omar**, emoci**onar**, s**onhar**.

Modelo: FECHAR

MODO INDICATIVO		MODO CONJUNTIVO	
Tempos simples	Tempos compostos	Tempos simples	Tempos compostos
Presente		**Presente**	
fecho		feche	
fechas		feches	
fecha		feche	
fechamos		fechemos	
fechais		fecheis	
fecham		fechem	
Pretérito imperfeito		**Pretérito imperfeito**	
fechava		fechasse	
fechavas		fechasses	
fechava		fechasse	
fechávamos		fechássemos	
fecháveis		fechásseis	
fechavam		fechassem	
Pretérito perfeito		**Pretérito perfeito**	
fechei	tenho fechado		tenha fechado
fechaste	tens fechado		tenhas fechado
fechou	tem fechado		tenha fechado
fechámos	temos fechado		tenhamos fechado
fechastes	tendes fechado		tenhais fechado
fecharam	têm fechado		tenham fechado
Pretérito mais-que-perfeito		**Pretérito mais-que-perfeito**	
fechara	tinha fechado		tivesse fechado
fecharas	tinhas fechado		tivesses fechado
fecharei	tinha fechado		tivesse fechado
fecháramos	tínhamos fechado		tivéssemos fechado
fecháreis	tínheis fechado		tivésseis fechado
fecharam	tinham fechado		tivessem fechado
Futuro do presente		**Futuro**	
fecharei	terei fechado	fechar	tiver fechado
fecharás	terás fechado	fechares	tiveres fechado
fechará	terá fechado	fechar	tiver fechado
fecharemos	teremos fechado	fecharmos	tivermos fechado
fechareis	tereis fechado	fechardes	tiverdes fechado
fecharão	terão fechado	fecharem	tiverem fechado
Futuro do pretérito			
fecharia	teria fechado		
fecharias	terias fechado		
fecharia	teria fechado		
fecharíamos	teríamos fechado		
fecharíeis	teríeis fechado		
fechariam	teriam fechado		

MODO IMPERATIVO	
Afirmativo	**Negativo**
fecha	não feches
feche	não feche
fechemos	não fechemos
fecheis	não fecheis
fechem	não fechem

FORMAS NOMINAIS

Infinitivo impessoal

fechar	ter fechado

Infinitivo pessoal

fechar	ter fechado
fechares	teres fechado
fechar	ter fechado
fecharmos	termos fechado
fechardes	terdes fechado
fecharem	terem fechado

Gerúndio

fechando	tendo fechado

Particípio

fechado

Obs. — 1. Nos verbos da 1.ª conjugação, quando a vogal fechada do radical (**e**) é seguida de **ch**, **lh**, **j** ou consoante nasal articulada, **m**, **n** ou **nh**, passa a semifechada quando é tónico (na 1.ª, 2.ª e 3.ª pessoas do singular e 3.ª do plural do **presente do indicativo**, do **presente do conjuntivo** e nas formas do **imperativo afirmativo** e **negativo** delas derivadas). 2. O mesmo acontece com o verbo **chegar**. 3. Contudo, os verbos **embrechar**, **frechar**, **invejar** e **vexar** conjugam-se como **levar**.

Modelo: LAVAR

MODO INDICATIVO		MODO CONJUNTIVO	
Tempos simples	**Tempos compostos**	**Tempos simples**	**Tempos compostos**
Presente		**Presente**	
lavo		lave	
lavas		laves	
lava		lave	
lavamos		lavemos	
lavais		laveis	
lavam		lavem	
Pretérito imperfeito		**Pretérito imperfeito**	
lavava		lavasse	
lavavas		lavasses	
lavava		lavasse	
lavávamos		lavássemos	
laváveis		lavásseis	
lavavam		lavassem	
Pretérito perfeito		**Pretérito perfeito**	
lavei	tenho lavado		tenha lavado
lavaste	tens lavado		tenhas lavado
lavou	tem lavado		tenha lavado
lavámos/lavamos	temos lavado		tenhamos lavado
lavastes	tendes lavado		tenhais lavado
lavaram	têm lavado		tenham lavado
Pretérito mais-que-perfeito		**Pretérito mais-que-perfeito**	
lavara	tinha lavado		tivesse lavado
lavaras	tinhas lavado		tivesses lavado
lavara	tinha lavado		tivesse lavado
laváramos	tínhamos lavado		tivéssemos lavado
laváreis	tínheis lavado		tivésseis lavado
lavaram	tinham lavado		tivessem lavado
Futuro do presente		**Futuro**	
lavarei	terei lavado	lavar	tiver lavado
lavarás	terás lavado	lavares	tiveres lavado
lavará	terá lavado	lavar	tiver lavado
lavaremos	teremos lavado	lavarmos	tivermos lavado
lavareis	tereis lavado	lavardes	tiverdes lavado
lavarão	terão lavado	lavarem	tiverem lavado
Futuro do pretérito		**FORMAS NOMINAIS**	
lavaria	teria lavado		
lavarias	terias lavado	**Infinitivo impessoal**	
lavaria	teria lavado	lavar	ter lavado
lavaríamos	teríamos lavado	**Infinitivo pessoal**	
lavaríeis	teríeis lavado	lavar	ter lavado
lavariam	teriam lavado	lavares	teres lavado
MODO IMPERATIVO		lavar	ter lavado
		lavarmos	termos lavado
Afirmativo	**Negativo**	lavardes	terdes lavado
		lavarem	terem lavado
lava	não laves	**Gerúndio**	
lave	não lave	lavando	tendo lavado
lavemos	não lavemos	**Particípio**	
lavai	não laveis	lavado	
lavem	não lavem		

Obs. — Os verbos que têm no radical a vogal oral **a**, apresentam-na com o timbre semifechado quando é pré-tónica e com o timbre aberto quando é tónica. O fenómeno verifica-se no **presente do indicativo**, no **presente do conjuntivo** e **imperativo**.

Modelo: LEVAR

MODO INDICATIVO		MODO CONJUNTIVO	
Tempos simples	**Tempos compostos**	**Tempos simples**	**Tempos compostos**
Presente		**Presente**	
levo		leve	
levas		leves	
leva		leve	
levamos		levemos	
levais		leveis	
levam		levem	
Pretérito imperfeito		**Pretérito imperfeito**	
levava		levasse	
levavas		levasses	
lavava		levasse	
levávamos		levássemos	
leváveis		levásseis	
levavam		levassem	
Pretérito perfeito		**Pretérito perfeito**	
levei	tenho levado		tenha levado
levaste	tens levado		tenhas levado
levou	tem levado		tenha levado
levámos/levamos	temos levado		tenhamos levado
levastes	tendes levado		tenhais levado
levaram	têm levado		tenham levado
Pretérito mais-que-perfeito		**Pretérito mais-que-perfeito**	
levara	tinha levado		tivesse levado
levaras	tinhas levado		tivesses levado
levara	tinha levado		tivesse levado
leváramos	tínhamos levado		tivéssemos levado
leváreis	tínheis levado		tivésseis levado
levaram	tinham levado		tivessem levado
Futuro do presente		**Futuro**	
levarei	terei levado	levar	tiver levado
levarás	terás levado	levares	tiveres levado
levará	terá levado	levar	tiver levado
levaremos	teremos levado	levarmos	tivermos levado
levareis	tereis levado	levardes	tiverdes levado
levarão	terão levado	levarem	tiverem levado
Futuro do pretérito		**FORMAS NOMINAIS**	
levaria	teria levado		
levarias	terias levado	**Infinitivo impessoal**	
levaria	teria levado	levar	ter levado
levaríamos	teríamos levado	**Infinitivo pessoal**	
levaríeis	teríeis levado	levar	ter levado
levariam	teriam levado	levares	teres levado
MODO IMPERATIVO		levar	ter levado
		levarmos	termos levado
		levardes	terdes levado
Afirmativo	**Negativo**	levarem	terem levado
		Gerúndio	
leva	não leves	levando	tendo levado
leve	não leve	**Particípio**	
levemos	não levemos	levado	
levai	não leveis		
levem	não levem		

Obs. — Na 1.ª, 2.ª e 3.ª pessoas do singular e na 3.ª do plural do **presente do indicativo** e do **conjuntivo**, bem como do **imperativo** (exceto na 1.ª e 2.ª pessoas do plural), a vogal fechada do radical [ə] é substituída pela vogal semiaberta [ɛ].

Modelo: PERDOAR

MODO INDICATIVO		MODO CONJUNTIVO	
Tempos simples	**Tempos compostos**	**Tempos simples**	**Tempos compostos**
Presente		**Presente**	
perdoo		perdoe	
perdoas		perdoes	
perdoa		perdoe	
perdoamos		perdoemos	
perdoais		perdoeis	
perdoam		perdoem	
Pretérito imperfeito		**Pretérito imperfeito**	
perdoava		perdoasse	
perdoavas		perdoasses	
perdoava		perdoasse	
perdoávamos		perdoássemos	
perdoáveis		perdoásseis	
perdoavam		perdoassem	
Pretérito perfeito		**Pretérito perfeito**	
perdoei	tenho perdoado		tenha perdoado
perdoaste	tens perdoado		tenhas perdoado
perdoou	tem perdoado		tenha perdoado
perdoámos/perdoamos	temos perdoado		tenhamos perdoado
perdoastes	tendes perdoado		tenhais perdoado
perdoaram	têm perdoado		tenham perdoado
Pretérito mais-que-perfeito		**Pretérito mais-que-perfeito**	
perdoara	tinha perdoado		tivesse perdoado
perdoaras	tinhas perdoado		tivesses perdoado
perdoara	tinha perdoado		tivesse perdoado
perdoáramos	tínhamos perdoado		tivéssemos perdoado
perdoáreis	tínheis perdoado		tivésseis perdoado
perdoaram	tinham perdoado		tivessem perdoado
Futuro do presente		**Futuro**	
perdoarei	terei perdoado		
perdoarás	terás perdoado	perdoar	tiver perdoado
perdoará	terá perdoado	perdoares	tiveres perdoado
perdoaremos	teremos perdoado	perdoar	tiver perdoado
perdoareis	tereis perdoado	perdoarmos	tivermos perdoado
perdoarão	terão perdoado	perdoardes	tiverdes perdoado
Futuro do pretérito		perdoarem	tiverem perdoado
perdoaria	teria perdoado		

Futuro do pretérito		FORMAS NOMINAIS	
perdoaria	teria perdoado		
perdoarias	terias perdoado	**Infinitivo impessoal**	
perdoaria	teria perdoado	perdoar	ter perdoado
perdoaríamos	teríamos perdoado	**Infinitivo pessoal**	
perdoaríeis	teríeis perdoado	perdoar	ter perdoado
perdoariam	teriam perdoado	perdoares	teres perdoado

MODO IMPERATIVO			
		perdoar	ter perdoado
		perdoarmos	termos perdoado
Afirmativo	**Negativo**	perdoardes	terdes perdoado
		perdoarem	terem perdoado
perdoa	não perdoes	**Gerúndio**	
perdoe	não perdoe	perdoando	tendo perdoado
perdoemos	não perdoemos	**Particípio**	
perdoeis	não perdoeis	perdoado	
perdoem	não perdoem		

Obs. — 1. A vogal fechada o do radical é substituída pela semifechada (ô) sempre que é tónica. 2. Como este, conjugam-se todos os verbos terminados em **-oar**.

Modelo: DEVER

MODO INDICATIVO		MODO CONJUNTIVO	
Tempos simples	**Tempos compostos**	**Tempos simples**	**Tempos compostos**
Presente		**Presente**	
devo		deva	
deves		devas	
deve		deva	
devemos		devamos	
deveis		devais	
devem		devam	
Pretérito imperfeito		**Pretérito imperfeito**	
devia		devesse	
devias		devesses	
devia		devesse	
devíamos		devêssemos	
devíeis		devêsseis	
deviam		devessem	
Pretérito perfeito		**Pretérito perfeito**	
devi	tenho devido		tenha devido
deveste	tens devido		tenhas devido
deveu	tem devido		tenha devido
devemos	temos devido		tenhamos devido
devestes	tendes devido		tenhais devido
deveram	têm devido		tenham devido
Pretérito mais-que-perfeito		**Pretérito mais-que-perfeito**	
devera	tinha devido		tivesse devido
deveras	tinhas devido		tivesses devido
devera	tinha devido		tivesse devido
devêramos	tínhamos devido		tivéssemos devido
devêreis	tínheis devido		tivésseis devido
deveram	tinham devido		tivessem devido
Futuro do presente		**Futuro**	
deverei	terei devido	dever	tiver devido
deverás	terás devido	deveres	tiveres devido
deverá	terá devido	dever	tiver devido
deveremos	teremos devido	devermos	tivermos devido
devereis	tereis devido	deverdes	tiverdes devido
deverão	terão devido	deverem	tiverem devido
Futuro do pretérito		**FORMAS NOMINAIS**	
deveria	teria devido		
deverias	terias devido	**Infinitivo impessoal**	
deveria	teria devido	dever	ter devido
deveríamos	teríamos devido	**Infinitivo pessoal**	
deveríeis	teríeis devido	dever	ter devido
deveriam	teriam devido	deveres	teres devido
MODO IMPERATIVO		dever	ter devido
		devermos	termos devido
Afirmativo	**Negativo**	deverdes	terdes devido
deve	não devas	deverem	terem devido
deva	não deva	**Gerúndio**	
devamos	não devamos	devendo	tendo devido
devei	não devais	**Particípio**	
devam	não devam		devido

Obs. — A vogal fechada do radical [ə] é substituída pela vogal semifechada [e] na 1.ª pessoa do singular do **presente do indicativo**, na 1.ª, 2.ª e 3.ª pessoas do singular e na 3.ª do plural do **presente do conjuntivo** e nas formas do **imperativo** derivadas do conjuntivo; e é substituída pela vogal semiaberta [ɛ] na 2.ª e 3.ª pessoas do singular e 3.ª do plural do **presente do indicativo** e 2.ª pessoa do singular do **imperativo**.

Modelo: MOER

MODO INDICATIVO		MODO CONJUNTIVO	
Tempos simples	Tempos compostos	Tempos simples	Tempos compostos
Presente		**Presente**	
moo		moa	
móis		moas	
mói		moa	
moemos		moamos	
moeis		moais	
moem		moam	
Pretérito imperfeito		**Pretérito imperfeito**	
moía		moesse	
moías		moesses	
moía		moesse	
moíamos		moêssemos	
moíeis		moêsseis	
moíam		moessem	
Pretérito perfeito		**Pretérito perfeito**	
moí			tenha moído
moeste			tenhas moído
moeu			tenha moído
moemos			tenhamos moído
moestes			tenhais moído
moeram			tenham moído
Pretérito mais-que-perfeito		**Pretérito mais-que-perfeito**	
moera	tinha moído		tivesse moído
moeras	tinhas moído		tivesses moído
moera	tinha moído		tivesse moído
moêramos	tínhamos moído		tivéssemos moído
moêreis	tínheis moído		tivésseis moído
moeram	tinham moído		tivessem moído
Futuro do presente		**Futuro**	
moerei	terei moído	moer	tiver moído
moerás	terás moído	moeres	tiveres moído
moerá	terá moído	moer	tiver moído
moeremos	teremos moído	moermos	tivermos moído
moereis	tereis moído	moerdes	tiverdes moído
moerão	terão moído	moerem	tiverem moído
Futuro do pretérito		**FORMAS NOMINAIS**	
moeria	teria moído		
moerias	terias moído		
moeria	teria moído	**Infinitivo impessoal**	
moeríamos	teríamos moído	moer	ter moído
moeríeis	teríeis moído	**Infinitivo pessoal**	
moeriam	teriam moído	moer	ter moído

MODO IMPERATIVO		moeres	teres moído
		moer	ter moído
Afirmativo	**Negativo**	moermos	termos moído
		moerdes	terdes moído
mói	não moas	moerem	terem moído
moa	não moa	**Gerúndio**	
moamos	não moamos	moendo	tendo moído
moei	não moais	**Particípio**	
moam	não moam		moído

Obs. — 1. Os verbos terminados em **-oer** apresentam o **o** do radical semifechado na 1.ª pessoa do singular do **presente do indicativo**, na 1.ª, 2.ª e 3.ª pessoas do singular e 3.ª do plural do **presente do conjuntivo** e nas formas do imperativo afirmativo e negativo delas derivadas. Na 2.ª e 3.ª pessoas do singular do **presente do indicativo** e na 2.ª pessoa do singular do **imperativo afirmativo** passa ao ditongo aberto **ói**. 2. Na 3.ª pessoa do plural do **presente do indicativo** é aberto, mas não tem i, tal como nos verbos terminados em **-air** (saem) e **-uir** (influem).

Modelo: MOVER

MODO INDICATIVO		MODO CONJUNTIVO	
Tempos simples	**Tempos compostos**	**Tempos simples**	**Tempos compostos**
Presente		**Presente**	
movo		mova	
moves		movas	
move		mova	
movemos		movamos	
moveis		movais	
movem		movam	
Pretérito imperfeito		**Pretérito imperfeito**	
movia		movesse	
movias		movesses	
movia		movesse	
movíamos		movêssemos	
movíeis		movêsseis	
moviam		movessem	
Pretérito perfeito		**Pretérito perfeito**	
movi	tenho movido		tenha movido
moveste	tens movido		tenhas movido
moveu	tem movido		tenha movido
movemos	temos movido		tenhamos movido
movestes	tendes movido		tenhais movido
moveram	têm movido		tenham movido
Pretérito mais-que-perfeito		**Pretérito mais-que-perfeito**	
movera	tinha movido		tivesse movido
moveras	tinhas movido		tivesses movido
movera	tinha movido		tivesse movido
movêramos	tínhamos movido		tivéssemos movido
movêreis	tínheis movido		tivésseis movido
moveram	tinham movido		tivessem movido
Futuro do presente		**Futuro**	
moverei	terei movido	mover	tiver movido
moverás	terás movido	moveres	tiveres movido
moverá	terá movido	mover	tiver movido
moveremos	teremos movido	movermos	tivermos movido
movereis	tereis movido	moverdes	tiverdes movido
moverão	terão movido	moverem	tiverem movido
Futuro do pretérito		**FORMAS NOMINAIS**	
moveria	teria movido		
moverias	terias movido	**Infinitivo impessoal**	
moveria	teria movido	mover	ter movido
moveríamos	teríamos movido	**Infinitivo pessoal**	
moveríeis	teríeis movido	mover	ter movido
moveriam	teriam movido	moveres	teres movido
MODO IMPERATIVO		mover	ter movido
		movermos	termos movido
Afirmativo	**Negativo**	moverdes	terdes movido
move	não movas	moverem	terem movido
mova	não mova	**Gerúndio**	
movamos	não movamos	movendo	tendo movido
movei	não movais	**Particípio**	
movam	não movam	movido	

Obs. — A vogal fechada do radical [u] é substituída pela vogal semifechada [o] na 1.ª pessoa do singular do **presente do indicativo**, na 1.ª, 2.ª e 3.ª pessoas do singular e na 3.ª do plural do **presente do conjuntivo** e nas formas do **imperativo** derivadas do **conjuntivo**; e é substituída pela vogal semiaberta [ɔ] na 2.ª e 3.ª pessoas do singular e 3.ª do plural do **presente do indicativo** e 2.ª pessoa do singular do **imperativo**.

Modelo: AGREDIR

MODO INDICATIVO		MODO CONJUNTIVO	
Tempos simples	Tempos compostos	Tempos simples	Tempos compostos
Presente		**Presente**	
agrido		agrida	
agrides		agridas	
agride		agrida	
agredimos		agridamos	
agredis		agridais	
agridem		agridam	
Pretérito imperfeito		**Pretérito imperfeito**	
agredia		agredisse	
agredias		agredisses	
agredia		agredisse	
agredíamos		agredíssemos	
agredíeis		agredísseis	
agrediam		agredissem	
Pretérito perfeito		**Pretérito perfeito**	
agredi	tenho agredido		tenha agredido
agrediste	tens agredido		tenhas agredido
agrediu	tem agredido		tenha agredido
agredimos	temos agredido		tenhamos agredido
agredistes	tendes agredido		tenhais agredido
agrediram	têm agredido		tenham agredido
Pretérito mais-que-perfeito		**Pretérito mais-que-perfeito**	
agredira	tinha agredido		tivesse agredido
agrediras	tinhas agredido		tivesses agredido
agredira	tinha agredido		tivesse agredido
agredíramos	tínhamos agredido		tivéssemos agredido
agredíreis	tínheis agredido		tivésseis agredido
agrediram	tinham agredido		tivessem agredido
Futuro do presente		**Futuro**	
agredirei	terei agredido		
agredirás	terás agredido	agredir	tiver agredido
agredirá	terá agredido	agredires	tiveres agredido
agrediremos	teremos agredido	agredir	tiver agredido
agredireis	tereis agredido	agredirmos	tivermos agredido
agredirão	terão agredido	agredirdes	tiverdes agredido
Futuro do pretérito		agredirem	tiverem agredido
agrediria	teria agredido		

FORMAS NOMINAIS	

agrediria	teria agredido
agredirias	terias agredido
agrediria	teria agredido
agrediríamos	teríamos agredido
agrediríeis	teríeis agredido
agrediriam	teriam agredido

Infinitivo impessoal	
agredir	ter agredido
Infinitivo pessoal	
agredir	ter agredido
agredires	teres agredido
agredir	ter agredido
agredirmos	termos agredido
agredirdes	terdes agredido
agredirem	terem agredido
Gerúndio	
agredindo	tendo agredido
Particípio	
	agredido

MODO IMPERATIVO	
Afirmativo	**Negativo**
agride	não agridas
agrida	não agrida
agridamos	não agridamos
agredi	não agridais
agridam	não agridam

Obs. — A vogal fechada **e** do radical é substituída por **i** em todas as formas em que essa é a sílaba tónica, nas três pessoas do singular e na 3.ª do plural do **presente do indicativo**, em todas as pessoas do **presente do conjuntivo** e nas formas do **imperativo** derivadas do presente do conjuntivo.

Modelo: DORMIR

MODO INDICATIVO		MODO CONJUNTIVO	
Tempos simples	**Tempos compostos**	**Tempos simples**	**Tempos compostos**
Presente		**Presente**	
durmo		durma	
dormes		durmas	
dorme		durma	
dormimos		durmamos	
dormis		durmais	
dormem		durmam	
Pretérito imperfeito		**Pretérito imperfeito**	
dormia		dormisse	
dormias		dormisses	
dormia		dormisse	
dormíamos		dormíssemos	
dormíeis		dormísseis	
dormiam		dormissem	
Pretérito perfeito		**Pretérito perfeito**	
dormi	tenho dormido		tenha dormido
dormiste	tens dormido		tenhas dormido
dormiu	tem dormido		tenha dormido
dormimos	temos dormido		tenhamos dormido
dormistes	tendes dormido		tenhais dormido
dormiram	têm dormido		tenham dormido
Pretérito mais-que-perfeito		**Pretérito mais-que-perfeito**	
dormira	tinha dormido		tivesse dormido
dormiras	tinhas dormido		tivesses dormido
dormira	tinha dormido		tivesse dormido
dormíramos	tínhamos dormido		tivéssemos dormido
dormíreis	tínheis dormido		tivésseis dormido
dormiram	tinham dormido		tivessem dormido
Futuro do presente		**Futuro**	
dormirei	terei dormido	dormir	tiver dormido
dormirás	terás dormido	dormires	tiveres dormido
dormirá	terá dormido	dormir	tiver dormido
dormiremos	teremos dormido	dormirmos	tivermos dormido
dormireis	tereis dormido	dormirdes	tiverdes dormido
dormirão	terão dormido	dormirem	tiverem dormido
Futuro do pretérito		**FORMAS NOMINAIS**	
dormiria	teria dormido		
dormirias	terias dormido	**Infinitivo impessoal**	
dormiria	teria dormido	dormir	tiver dormido
dormiríamos	teríamos dormido	**Infinitivo pessoal**	
dormiríeis	teríeis dormido	dormir	ter dormido
dormiriam	teriam dormido	dormires	teres dormido
MODO IMPERATIVO		dormir	ter dormido
		dormirmos	termos dormido
Afirmativo	**Negativo**	dormirdes	terdes dormido
dorme	não durmas	dormirem	terem dormido
durma	não durma	**Gerúndio**	
durmamos	não durmamos	dormindo	tendo dormido
dormi	não durmais	**Particípio**	
durmam	não durmam	dormido	

Obs. — A vogal fechada do radical [u] é substituída, na escrita, pelo vogal **u** na 1.ª pessoa do singular do **presente do indicativo**, em todas as formas do **presente do conjuntivo** e nas formas do **imperativo** derivadas do presente do conjuntivo; e alterna com a vogal semiaberta [ɔ] na 2.ª e 3.ª pessoas do singular e na 3.ª do plural do **presente do indicativo** e 2.ª do singular do **imperativo afirmativo**.

Modelo: FRIGIR

MODO INDICATIVO		MODO CONJUNTIVO	
Tempos simples	Tempos compostos	Tempos simples	Tempos compostos
Presente		**Presente**	
frijo		frija	
freges		frijas	
frege		frija	
frigimos		frijamos	
frigis		frijais	
fregem		frijam	
Pretérito imperfeito		**Pretérito imperfeito**	
frigia		frigisse	
frigias		frigisses	
frigia		frigisse	
frigíamos		frigíssemos	
frigíeis		frigísseis	
frigiam		frigissem	
Pretérito perfeito		**Pretérito perfeito**	
frigi	tenho frigido		tenha frigido
frigiste	tens frigido		tenhas frigido
frigiu	tem frigido		tenha frigido
frigimos	temos frigido		tenhamos frigido
frigistes	tendes frigido		tenhais frigido
frigiram	têm frigido		tenham frigido
Pretérito mais-que-perfeito		**Pretérito mais-que-perfeito**	
frigira	tinha frigido		tivesse frigido
frigiras	tinhas frigido		tivesses frigido
frigira	tinha frigido		tivesse frigido
frigíramos	tínhamos frigido		tivéssemos frigido
frigíreis	tínheis frigido		tivésseis frigido
frigiram	tinham frigido		tivessem frigido
Futuro do presente		**Futuro**	
frigirei	terei frigido		tiver frigido
frigirás	terás frigido	frigir	tiver frigido
frigirá	terá frigido	frigires	tiveres frigido
frigiremos	teremos frigido	frigir	tiver frigido
frigireis	tereis frigido	frigirmos	tivermos frigido
frigirão	terão frigido	frigirdes	tiverdes frigido
Futuro do pretérito		frigirem	tiverem frigido
frigiria	teria frigido		
frigirias	terias frigido	**FORMAS NOMINAIS**	
frigiria	teria frigido		
frigiríamos	teríamos frigido	**Infinitivo impessoal**	
frigiríeis	teríeis frigido	frigir	ter frigido
frigiriam	teriam frigido	**Infinitivo pessoal**	
MODO IMPERATIVO		frigir	ter frigido
		frigires	teres frigido
Afirmativo	**Negativo**	frigir	ter frigido
frege	não frijas	frigirmos	termos frigido
frija	não frija	frigirdes	terdes frigido
frijamos	não frijamos	frigirem	terem frigido
frigi	não frijais	**Gerúndio**	
frijam	não frijam	frigindo	tendo frigido
		Particípio	
		frigido/**frito**	

Obs. — 1. A vogal **i** do radical é substituída pela vogal semiaberta **e** na 2.ª e 3.ª pessoas do singular e na 3.ª do plural do **presente do indicativo** e na 2.ª pessoa do singular do **imperativo afirmativo**. 2. A consoante **g** do radical é substituída por **j** antes de **a** e **o**.

68

Modelo: SERVIR

MODO INDICATIVO		MODO CONJUNTIVO	
Tempos simples	**Tempos compostos**	**Tempos simples**	**Tempos compostos**
Presente		**Presente**	
sirvo		sirva	
serves		sirvas	
serve		sirva	
servimos		sirvamos	
servis		sirvais	
servem		sirvam	
Pretérito imperfeito		**Pretérito imperfeito**	
servia		servisse	
servias		servisses	
servia		servisse	
servíamos		servíssemos	
servíeis		servísseis	
serviam		servissem	
Pretérito perfeito		**Pretérito perfeito**	
servi	tenho servido		tenha servido
serviste	tens servido		tenhas servido
serviu	tem servido		tenha servido
servimos	temos servido		tenhamos servido
servistes	tendes servido		tenhais servido
serviram	têm servido		tenham servido
Pretérito mais-que-perfeito		**Pretérito mais-que-perfeito**	
servira	tinha servido		tivesse servido
serviras	tinhas servido		tivesses servido
servira	tinha servido		tivesse servido
servíramos	tínhamos servido		tivéssemos servido
servíreis	tínheis servido		tivésseis servido
serviram	tinham servido		tivessem servido
Futuro do presente		**Futuro**	
servirei	terei servido	servir	tiver servido
servirás	terás servido	servires	tiveres servido
servirá	terá servido	servir	tiver servido
serviremos	teremos servido	servirmos	tivermos servido
servireis	tereis servido	servirdes	tiverdes servido
servirão	terão servido	servirem	tiverem servido
Futuro do pretérito		**FORMAS NOMINAIS**	
serviria	teria servido		
servirias	terias servido	**Infinitivo impessoal**	
serviria	teria servido	servir	ter servido
serviríamos	teríamos servido	**Infinitivo pessoal**	
serviríeis	teríeis servido	servir	ter servido
serviriam	teriam servido	servires	teres servido
MODO IMPERATIVO		servir	ter servido
		servirmos	termos servido
Afirmativo	**Negativo**	servirdes	terdes servido
serve	não sirvas	servirem	terem servido
sirva	não sirva	**Gerúndio**	
sirvamos	não sirvamos	servindo	tendo servido
servi	não sirvais	**Particípio**	
sirvam	não sirvam	servido	

Obs. — A vogal fechada do radical [ə] é substituída pela vogal **i** na 1.ª pessoa do singular do **presente do indicativo**, em todas as formas do **presente do conjuntivo** e nas formas do **imperativo** derivadas do presente do conjuntivo; e alterna com vogal semiaberta [ɛ] na 2.ª e 3.ª pessoas do singular e 3.ª do plural do **presente do indicativo** e na 2.ª do singular do **imperativo afirmativo**.

Modelo: SUBIR

MODO INDICATIVO		MODO CONJUNTIVO	
Tempos simples	Tempos compostos	Tempos simples	Tempos compostos
Presente		**Presente**	
subo		suba	
sobes		subas	
sobe		suba	
subimos		subamos	
subis		subais	
sobem		subam	
Pretérito imperfeito		**Pretérito imperfeito**	
subia		subisse	
subias		subisses	
subia		subisse	
subíamos		subíssemos	
subíeis		subísseis	
subiam		subissem	
Pretérito perfeito		**Pretérito perfeito**	
subi	tenho subido		tenha subido
subiste	tens subido		tenhas subido
subiu	tem subido		tenha subido
subimos	temos subido		tenhamos subido
subistes	tendes subido		tenhais subido
subiram	têm subido		tenham subido
Pretérito mais-que-perfeito		**Pretérito mais-que-perfeito**	
subira	tinha subido		tivesse subido
subiras	tinhas subido		tivesses subido
subira	tinha subido		tivesse subido
subíramos	tínhamos subido		tivéssemos subido
subíreis	tínheis subido		tivésseis subido
subiram	tinham subido		tivessem subido
Futuro do presente		**Futuro**	
subirei	terei subido	subir	tiver subido
subirás	terás subido	subires	tiveres subido
subirá	terá subido	subir	tiver subido
subiremos	teremos subido	subirmos	tivermos subido
subireis	tereis subido	subirdes	tiverdes subido
subirão	terão subido	subirem	tiverem subido
Futuro do pretérito			
subiria	teria subido	**FORMAS NOMINAIS**	
subirias	terias subido		
subiria	teria subido	**Infinitivo impessoal**	
subiríamos	teríamos subido	subir	ter subido
subiríeis	teríeis subido	**Infinitivo pessoal**	
subiriam	teriam subido	subir	ter subido
MODO IMPERATIVO		subires	teres subido
		subir	ter subido
Afirmativo	**Negativo**	subirmos	termos subido
		subirdes	terdes subido
sobe	não subas	subirem	terem subido
suba	não suba	**Gerúndio**	
subamos	não subamos	subindo	tendo subido
subi	não subais	**Particípio**	
subam	não subam		subido

Obs. — 1. A vogal fechada do radical [u] alterna com a vogal semiaberta [ɔ] na 2.ª e 3.ª pessoas do singular, na 3.ª do plural do **presente do indicativo** e na 2.ª pessoa do singular do **imperativo**. 2. Não apresentam alternância vocálica os verbos: **aludir, assumir, curtir, iludir, presumir, resumir** e todos os verbos terminados em **-uir** (cf. **influir**, pág. 89).

VERBOS IRREGULARES

Modelo: DAR

MODO INDICATIVO		MODO CONJUNTIVO	
Tempos simples	Tempos compostos	Tempos simples	Tempos compostos
Presente		Presente	
dou		dê	
dás		dês	
dá		dê	
damos		dêmos	
dais		deis	
dão		deem	
Pretérito imperfeito		Pretérito imperfeito	
dava		desse	
davas		desses	
dava		desse	
dávamos		déssemos	
dáveis		désseis	
davam		dessem	
Pretérito perfeito		Pretérito perfeito	
dei	tenho dado		tenha dado
deste	tens dado		tenhas dado
deu	tem dado		tenha dado
demos	temos dado		tenhamos dado
destes	tendes dado		tenhais dado
deram	têm dado		tenham dado
Pretérito mais-que-perfeito		Pretérito mais-que-perfeito	
dera	tinha dado		tivesse dado
deras	tinhas dado		tivesses dado
dera	tinha dado		tivesse dado
déramos	tínhamos dado		tivéssemos dado
déreis	tínheis dado		tivésseis dado
deram	tinham dado		tivessem dado
Futuro do presente		Futuro	
darei	terei dado	der	tiver dado
darás	terás dado	deres	tiveres dado
dará	terá dado	der	tiver dado
daremos	teremos dado	dermos	tivermos dado
dareis	tereis dado	derdes	tiverdes dado
darão	terão dado	derem	tiverem dado
Futuro do pretérito		FORMAS NOMINAIS	
daria	teria dado		
darias	terias dado	Infinitivo impessoal	
daria	teria dado	dar	ter dado
daríamos	teríamos dado	Infinitivo pessoal	
daríeis	teríeis dado	dar	ter dado
dariam	teriam dado	dares	teres dado
MODO IMPERATIVO		dar	ter dado
		darmos	termos dado
Afirmativo	Negativo	dardes	terdes dado
dá	não dês	darem	terem dado
dê	não dê	Gerúndio	
dêmos	não dêmos	dando	tendo dado
dai	não deis	Particípio	
deem	não deem		dado

Modelo: INCENDIAR

MODO INDICATIVO		MODO CONJUNTIVO	
Tempos simples	Tempos compostos	Tempos simples	Tempos compostos
Presente		**Presente**	
incendeio		incendeie	
incendeias		incendeies	
incendeia		incendeie	
incendiamos		incendiemos	
incendiais		incendieis	
incendeiam		incendeiem	
Pretérito imperfeito		**Pretérito imperfeito**	
incendiava		incendiasse	
incendiavas		incendiasses	
incendiava		incendiasse	
incendiávamos		incendiássemos	
incendiáveis		incendiásseis	
incendiavam		incendiassem	
Pretérito perfeito		**Pretérito perfeito**	
incendiei	tenho incendiado		tenha incendiado
incendiaste	tens incendiado		tenhas incendiado
incendiou	tem incendiado		tenha incendiado
incendiámos/incendiamos	temos incendiado		tenhamos incendiado
incendiastes	tendes incendiado		tenhais incendiado
incendiaram	têm incendiado		tenham incendiado
Pretérito mais-que-perfeito		**Pretérito mais-que-perfeito**	
incendiara	tinha incendiado		tivesse incendiado
incendiaras	tinhas incendiado		tivesses incendiado
incendiara	tinha incendiado		tivesse incendiado
incendiáramos	tínhamos incendiado		tivéssemos incendiado
incendiáreis	tínheis incendiado		tivésseis incendiado
incendiaram	tinham incendiado		tivessem incendiado
Futuro do presente		**Futuro**	
incendiarei	terei incendiado	incendiar	tiver incendiado
incendiarás	terás incendiado	incendiares	tiveres incendiado
incendiará	terá incendiado	incendiar	tiver incendiado
incendiaremos	teremos incendiado	incendiarmos	tivermos incendiado
incendiareis	tereis incendiado	incendiardes	tiverdes incendiado
incendiarão	terão incendiado	incendiarem	tiverem incendiado
Futuro do pretérito			
incendiaria	teria incendiado		
incendiarias	terias incendiado		
incendiaria	teria incendiado		
incendiaríamos	teríamos incendiado		
incendiaríeis	teríeis incendiado		
incendiariam	teriam incendiado		

MODO IMPERATIVO	
Afirmativo	**Negativo**
incendeia	não incendeies
incendeie	não incendeie
incendiemos	não incendiemos
incendiai	não incendieis
incendeiem	não incendeiem

FORMAS NOMINAIS

Infinitivo impessoal

incendiar	ter incendiado

Infinitivo pessoal

incendiar	ter incendiado
incendiares	teres incendiado
incendiar	ter incendiado
incendiarmos	termos incendiado
incendiardes	terdes incendiado
incendiarem	terem incendiado

Gerúndio

incendiando	tendo incendiado

Particípio

incendiado

Obs. — 1. Como este se conjugam: **ansiar, mediar, odiar** e **remediar**. 2. Os verbos **agenciar, comerciar, negociar, obsequiar, premiar, presenciar** e **sentenciar** tanto seguem o modelo **incendiar**, como se conjugam regularmente: **negoceio** ou **negocio**. 3. **Regra geral**, os verbos terminados em **-iar** são regulares.

Modelo: PASSEAR

MODO INDICATIVO		MODO CONJUNTIVO	
Tempos simples	**Tempos compostos**	**Tempos simples**	**Tempos compostos**
Presente		**Presente**	
passeio		passeie	
passeias		passeies	
passeia		passeie	
passeamos		passeemos	
passeais		passeeis	
passeiam		passeiem	
Pretérito imperfeito		**Pretérito imperfeito**	
passeava		passeasse	
passeavas		passeasses	
passeava		passeasse	
passeávamos		passeássemos	
passeáveis		passeásseis	
passeavam		passeassem	
Pretérito perfeito		**Pretérito perfeito**	
passeei	tenho passeado		tenha passeado
passeaste	tens passeado		tenhas passeado
passeou	tem passeado		tenha passeado
passeámos/passeamos	temos passeado		tenhamos passeado
passeastes	tendes passeado		tenhais passeado
passearam	têm passeado		tenham passeado
Pretérito mais-que-perfeito		**Pretérito mais-que-perfeito**	
passeara	tinha passeado		tivesse passeado
passearas	tinhas passeado		tivesses passeado
passeara	tinha passeado		tivesse passeado
passeáramos	tínhamos passeado		tivéssemos passeado
passeáreis	tínheis passeado		tivésseis passeado
passearem	tinham passeado		tivessem passeado
Futuro do presente		**Futuro**	
passearei	terei passeado	passear	tiver passeado
passearás	terás passeado	passeares	tiveres passeado
passeará	terá passeado	passear	tiver passeado
passearemos	teremos passeado	passearmos	tivermos passeado
passeareis	tereis passeado	passeardes	tiverdes passeado
passearão	terão passeado	passearem	tiverem passeado
Futuro do pretérito		**FORMAS NOMINAIS**	
passearia	teria passeado		
passearias	terias passeado	**Infinitivo impessoal**	
passearia	teria passeado	passear	ter passeado
passearíamos	teríamos passeado	**Infinitivo pessoal**	
passearíeis	teríeis passeado	passear	ter passeado
passeariam	teriam passeado	passeares	teres passeado
MODO IMPERATIVO		passear	ter passeado
		passearmos	termos passeado
Afirmativo	**Negativo**	passeardes	terdes passeado
		passearem	terem passeado
passeia	não passeies	**Gerúndio**	
passeie	não passeie	passeando	tendo passeado
passeemos	não passeemos	**Particípio**	
passeai	não passeeis	passeado	
passeiem	não passeiem		

Obs. — Como este se conjugam todos os verbos terminados em **-ear**.

Modelo: CABER

MODO INDICATIVO		MODO CONJUNTIVO	
Tempos simples	**Tempos compostos**	**Tempos simples**	**Tempos compostos**
Presente		**Presente**	
caibo		caiba	
cabes		caibas	
cabe		caiba	
cabemos		caibamos	
cabeis		caibais	
cabem		caibam	
Pretérito imperfeito		**Pretérito imperfeito**	
cabia		coubesse	
cabias		coubesses	
cabia		coubesse	
cabíamos		coubéssemos	
cabíeis		coubésseis	
cabiam		coubessem	
Pretérito perfeito		**Pretérito perfeito**	
coube	tenho cabido		tenha cabido
coubeste	tens cabido		tenhas cabido
coube	tem cabido		tenha cabido
coubemos	temos cabido		tenhamos cabido
coubestes	tendes cabido		tenhais cabido
couberam	têm cabido		tenham cabido
Pretérito mais-que-perfeito		**Pretérito mais-que-perfeito**	
coubera	tinha cabido		tivesse cabido
couberas	tinhas cabido		tivesses cabido
coubera	tinha cabido		tivesse cabido
coubéramos	tínhamos cabido		tivéssemos cabido
coubéreis	tínheis cabido		tivésseis cabido
couberam	tinham cabido		tivessem cabido
Futuro do presente		**Futuro**	
caberei	terei cabido	couber	tiver cabido
caberás	terás cabido	couberes	tiveres cabido
caberá	terá cabido	couber	tiver cabido
caberemos	teremos cabido	coubermos	tivermos cabido
cabereis	tereis cabido	couberdes	tiverdes cabido
caberão	terão cabido	couberem	tiverem cabido
Futuro do pretérito		**FORMAS NOMINAIS**	
caberia	teria cabido		
caberias	terias cabido	**Infinitivo impessoal**	
caberia	teria cabido	caber	ter cabido
caberíamos	teríamos cabido	**Infinitivo pessoal**	
caberíeis	teríeis cabido	caber	ter cabido
caberiam	teriam cabido	caberes	teres cabido
MODO IMPERATIVO		caber	ter cabido
		cabermos	termos cabido
		caberdes	terdes cabido
		caberem	terem cabido
		Gerúndio	
(Não tem)		cabendo	tendo cabido
		Particípio	
			cabido

Modelo: DIZER

MODO INDICATIVO		MODO CONJUNTIVO	
Tempos simples	**Tempos compostos**	**Tempos simples**	**Tempos compostos**
Presente		**Presente**	
digo		diga	
dizes		digas	
diz		diga	
dizemos		digamos	
dizeis		digais	
dizem		digam	
Pretérito imperfeito		**Pretérito imperfeito**	
dizia		dissesse	
dizias		dissesses	
dizia		dissesse	
dizíamos		disséssemos	
dizíeis		dissésseis	
diziam		dissessem	
Pretérito perfeito		**Pretérito perfeito**	
disse	tenho dito		tenha dito
disseste	tens dito		tenhas dito
disse	tem dito		tenha dito
dissemos	temos dito		tenhamos dito
dissestes	tendes dito		tenhais dito
disseram	têm dito		tenham dito
Pretérito mais-que-perfeito		**Pretérito mais-que-perfeito**	
dissera	tinha dito		tivesse dito
disseras	tinhas dito		tivesses dito
dissera	tinha dito		tivesse dito
disséramos	tínhamos dito		tivéssemos dito
disséreis	tínheis dito		tivésseis dito
disseram	tinham dito		tivessem dito
Futuro do presente		**Futuro**	
direi	terei dito		
dirás	terás dito		
dirá	terá dito	disser	tiver dito
diremos	teremos dito	disseres	tiveres dito
direis	tereis dito	disser	tiver dito
dirão	terão dito	dissermos	tivermos dito
Futuro do pretérito		disserdes	tiverdes dito
diria	teria dito	disserem	tiverem dito

MODO INDICATIVO		FORMAS NOMINAIS	
diria	teria dito		
dirias	terias dito	**Infinitivo impessoal**	
diria	teria dito	dizer	ter dito
diríamos	teríamos dito	**Infinitivo pessoal**	
diríeis	teríeis dito	dizer	ter dito
diriam	teriam dito	dizeres	teres dito

MODO IMPERATIVO	
Afirmativo	**Negativo**

dizer	ter dito
dizermos	termos dito
dizerdes	terdes dito
dizerem	terem dito

Gerúndio
dizendo — tendo dito

Particípio
dito

MODO IMPERATIVO	
Afirmativo	**Negativo**
diz/dize	não **digas**
diga	não **diga**
digamos	não **digamos**
dizei	não **digais**
digam	não **digam**

Obs. — 1. Muda o **z** em **g** na 1.ª pessoa do singular do **presente do indicativo**, em todo o **presente do conjuntivo** e nas pessoas derivadas deste tempo no **imperativo**. Muda o **z** em **r** no **futuro do presente** e no **futuro do pretérito do modo indicativo** e o **z** em **ss** no **pretérito perfeito do modo indicativo** e nos tempos derivados dele. 2. Tem o **particípio** irregular.

Modelo: FAZER

MODO INDICATIVO		MODO CONJUNTIVO	
Tempos simples	Tempos compostos	Tempos simples	Tempos compostos
Presente		**Presente**	
faço		faça	
fazes		faças	
faz		faça	
fazemos		façamos	
fazeis		façais	
fazem		façam	
Pretérito imperfeito		**Pretérito imperfeito**	
fazia		fizesse	
fazias		fizesses	
fazia		fizesse	
fazíamos		fizéssemos	
fazíeis		fizésseis	
faziam		fizessem	
Pretérito perfeito		**Pretérito perfeito**	
fiz	tenho feito		tenha feito
fizeste	tens feito		tenhas feito
fez	tem feito		tenha feito
fizemos	temos feito		tenhamos feito
fizestes	tendes feito		tenhais feito
fizeram	têm feito		tenham feito
Pretérito mais-que-perfeito		**Pretérito mais-que-perfeito**	
fizera	tinha feito		tivesse feito
fizeras	tinhas feito		tivesses feito
fizera	tinha feito		tivesse feito
fizéramos	tínhamos feito		tivéssemos feito
fizéreis	tínheis feito		tivésseis feito
fizeram	tinham feito		tivessem feito
Futuro do presente		**Futuro**	
farei	terei feito		
farás	terás feito	fizer	tiver feito
fará	terá feito	fizeres	tiveres feito
faremos	teremos feito	fizer	tiver feito
fareis	tereis feito	fizermos	tivermos feito
farão	terão feito	fizerdes	tiverdes feito
Futuro do pretérito		fizerem	tiverem feito
faria	teria feito		

MODO IMPERATIVO	
Afirmativo	Negativo
faz/faze	não **faças**
faça	não **faça**
façamos	não **façamos**
fazei	não **façais**
façam	não **façam**

Futuro do pretérito (continuação):

farias	terias feito
faria	teria feito
faríamos	teríamos feito
faríeis	teríeis feito
fariam	teriam feito

FORMAS NOMINAIS	
Infinitivo impessoal	
fazer	ter feito
Infinitivo pessoal	
fazer	ter feito
fazeres	teres feito
fazer	ter feito
fazermos	termos feito
fazerdes	terdes feito
fazerem	terem feito
Gerúndio	
fazendo	tendo feito
Particípio	
feito	

Obs. — 1. Muda o **z** em **ç** na 1.ª pessoa do singular do presente do indicativo, em todo o **presente do conjuntivo** e nas pessoas derivadas deste tempo no **imperativo**. Muda o **z** em **r** no **futuro do presente** e no **futuro do pretérito do indicativo**. 2. Tem o **particípio** irregular.

Modelo: LER

MODO INDICATIVO		MODO CONJUNTIVO	
Tempos simples	**Tempos compostos**	**Tempos simples**	**Tempos compostos**
Presente		Presente	
leio		leia	
lês		leias	
lê		leia	
lemos		leiamos	
ledes		leiais	
leem		leiam	
Pretérito imperfeito		Pretérito imperfeito	
lia		lesse	
lias		lesses	
lia		lesse	
líamos		lêssemos	
líeis		lêsseis	
liam		lessem	
Pretérito perfeito		Pretérito perfeito	
li	tenho lido		tenha lido
leste	tens lido		tenhas lido
leu	tem lido		tenha lido
lemos	temos lido		tenhamos lido
lestes	tendes lido		tenhais lido
leram	têm lido		tenham lido
Pretérito mais-que-perfeito		Pretérito mais-que-perfeito	
lera	tinha lido		tivesse lido
leras	tinhas lido		tivesses lido
lera	tinha lido		tivesse lido
lêramos	tínhamos lido		tivéssemos lido
lêreis	tínheis lido		tivésseis lido
leram	tinham lido		tivessem lido
Futuro do presente		Futuro	
lerei	terei lido	ler	tiver lido
lerás	terás lido	leres	tiveres lido
lerá	terá lido	ler	tiver lido
leremos	teremos lido	lermos	tivermos lido
lereis	tereis lido	lerdes	tiverdes lido
lerão	terão lido	lerem	tiverem lido
Futuro do pretérito		FORMAS NOMINAIS	
leria	teria lido		
lerias	terias lido	Infinitivo impessoal	
leria	teria lido	ler	ter lido
leríamos	teríamos lido	Infinitivo pessoal	
leríeis	teríeis lido	ler	ter lido
leriam	teriam lido	leres	teres lido
MODO IMPERATIVO		ler	ter lido
		lermos	termos lido
Afirmativo	**Negativo**	lerdes	terdes lido
		lerem	terem lido
lê	não leias	Gerúndio	
leia	não leia	lendo	tendo lido
leiamos	não leiamos	Particípio	
lede	não leiais		lido
leiam	não leiam		

Obs. — É irregular no **presente do indicativo**. Esta irregularidade transmite-se ao **presente do conjuntivo** e ao **imperativo**.

Modelo: PERDER

MODO INDICATIVO		MODO CONJUNTIVO	
Tempos simples	**Tempos compostos**	**Tempos simples**	**Tempos compostos**
Presente		**Presente**	
perco		perca	
perdes		percas	
perde		perca	
perdemos		percamos	
perdeis		percais	
perdem		percam	
Pretérito imperfeito		**Pretérito imperfeito**	
perdia		perdesse	
perdias		perdesses	
perdia		perdesse	
perdíamos		perdêssemos	
perdíeis		perdêsseis	
perdiam		perdessem	
Pretérito perfeito		**Pretérito perfeito**	
perdi	tenho perdido		tenha perdido
perdeste	tens perdido		tenhas perdido
perdeu	tem perdido		tenha perdido
perdemos	temos perdido		tenhamos perdido
perdestes	tendes perdido		tenhais perdido
perderam	têm perdido		tenham perdido
Pretérito mais-que-perfeito		**Pretérito mais-que-perfeito**	
perdera	tinha perdido		tivesse perdido
perderas	tinhas perdido		tivesses perdido
perdera	tinha perdido		tivesse perdido
perdêramos	tínhamos perdido		tivéssemos perdido
perdêreis	tínheis perdido		tivésseis perdido
perderam	tinham perdido		tivessem perdido
Futuro do presente		**Futuro**	
perderei	terei perdido		
perderás	terás perdido	perder	tiver perdido
perderá	terá perdido	perderes	tiveres perdido
perderemos	teremos perdido	perder	tiver perdido
perdereis	tereis perdido	perdermos	tivermos perdido
perderão	terão perdido	perderdes	tiverdes perdido
Futuro do pretérito		perderem	tiverem perdido
perderia	teria perdido		
perderias	terias perdido	**FORMAS NOMINAIS**	
perderia	teria perdido		
perderíamos	teríamos perdido	**Infinitivo impessoal**	
perderíeis	teríeis perdido	perder	ter perdido
perderiam	teriam perdido	**Infinitivo pessoal**	

MODO IMPERATIVO			
		perder	ter perdido
		perderes	teres perdido
Afirmativo	**Negativo**	perder	ter perdido
		perdermos	termos perdido
perde	não **percas**	perderdes	terdes perdido
perca	não **perca**	perderem	terem perdido
percamos	não **percamos**	**Gerúndio**	
perdei	não **percais**	perdendo	tendo perdido
percam	não **percam**	**Particípio**	
		perdido	

Obs. — É irregular no **presente do indicativo**. Esta irregularidade transmite-se ao **presente do conjuntivo** e ao **imperativo**, nas formas derivadas do presente do conjuntivo.

Modelo: PODER

MODO INDICATIVO		MODO CONJUNTIVO	
Tempos simples	Tempos compostos	Tempos simples	Tempos compostos
Presente		**Presente**	
posso		possa	
podes		possas	
pode		possa	
podemos		possamos	
podeis		possais	
podem		possam	
Pretérito imperfeito		**Pretérito imperfeito**	
podia		pudesse	
podias		pudesses	
podia		pudesse	
podíamos		pudéssemos	
podíeis		pudésseis	
podiam		pudessem	
Pretérito perfeito		**Pretérito perfeito**	
pude	tenho podido		tenha podido
pudeste	tens podido		tenhas podido
pôde	tem podido		tenha podido
pudemos	temos podido		tenhamos podido
pudestes	tendes podido		tenhais podido
puderam	têm podido		tenham podido
Pretérito mais-que-perfeito		**Pretérito mais-que-perfeito**	
pudera	tinha podido		tivesse podido
puderas	tinhas podido		tivesses podido
pudera	tinha podido		tivesse podido
pudéramos	tínhamos podido		tivéssemos podido
pudéreis	tínheis podido		tivésseis podido
puderam	tinham podido		tivessem podido
Futuro do presente		**Futuro**	
poderei	terei podido	puder	tiver podido
poderás	terás podido	puderes	tiveres podido
poderá	terá podido	puder	tiver podido
poderemos	teremos podido	pudermos	tivermos podido
podereis	tereis podido	puderdes	tiverdes podido
poderão	terão podido	puderem	tiverem podido
Futuro do pretérito			
poderia	teria podido	**FORMAS NOMINAIS**	
poderias	terias podido		
poderia	teria podido	**Infinitivo impessoal**	
poderíamos	teríamos podido	poder	ter podido
poderíeis	teríeis podido	**Infinitivo pessoal**	
poderiam	teriam podido	poder	ter podido
MODO IMPERATIVO		poderes	teres podido
		poder	ter podido
		podermos	termos podido
		poderdes	terdes podido
		poderem	terem podido
(Não tem)		**Gerúndio**	
		podendo	ter podido
		Particípio	
		podido	

Obs. — 1. Pela sua significação, não tem imperativo. 2. Regista alternância vocálica: a vogal fechada do radical é substituída pela vogal semiaberta [ɔ] na 1.ª, 2.ª e 3.ª pessoas do singular e na 3.ª pessoa do plural do **presente do indicativo** e em todas as formas do **presente do conjuntivo**.

Modelo: PÔR

MODO INDICATIVO		MODO CONJUNTIVO	
Tempos simples	Tempos compostos	Tempos simples	Tempos compostos
Presente		**Presente**	
ponho		ponha	
pões		ponhas	
põe		ponha	
pomos		ponhamos	
pondes		ponhais	
põem		ponham	
Pretérito imperfeito		**Pretérito imperfeito**	
punha		pusesse	
punhas		pusesses	
punha		pusesse	
púnhamos		puséssemos	
púnheis		pusésseis	
punham		pusessem	
Pretérito perfeito		**Pretérito perfeito**	
pus	tenho posto		tenha posto
puseste	tens posto		tenhas posto
pôs	tem posto		tenha posto
pusemos	temos posto		tenhamos posto
pusestes	tendes posto		tenhais posto
puseram	têm posto		tenham posto
Pretérito mais-que-perfeito		**Pretérito mais-que-perfeito**	
pusera	tinha posto		tivesse posto
puseras	tinhas posto		tivesses posto
pusera	tinha posto		tivesse posto
puséramos	tínhamos posto		tivéssemos posto
puséreis	tínheis posto		tivésseis posto
puseram	tinham posto		tivessem posto
Futuro do presente		**Futuro**	
porei	terei posto	puser	tiver posto
porás	terás posto	puseres	tiveres posto
porá	terá posto	puser	tiver posto
poremos	teremos posto	pusermos	tivermos posto
poreis	tereis posto	puserdes	tiverdes posto
porão	terão posto	puserem	tiverem posto
Futuro do pretérito			
poria	teria posto		
porias	terias posto		
poria	teria posto		
poríamos	teríamos posto		
poríeis	teríeis posto		
poriam	teriam posto		

MODO IMPERATIVO		FORMAS NOMINAIS	
Afirmativo	**Negativo**	**Infinitivo impessoal**	
põe	não **ponhas**	pôr	ter posto
ponha	não **ponha**	**Infinitivo pessoal**	
ponhamos	não **ponhamos**	pôr	ter posto
ponde	não **ponhais**	pores	teres posto
ponham	não **ponham**	pôr	ter posto
		pormos	termos posto
		pordes	terdes posto
		porem	terem posto
		Gerúndio	
		pondo	tendo posto
		Particípio	
		posto	

Modelo: PRAZER

MODO INDICATIVO		MODO CONJUNTIVO	
Tempos simples	Tempos compostos	Tempos simples	Tempos compostos
Presente		**Presente**	
praz		praza	
Pretérito imperfeito		**Pretérito imperfeito**	
prazia		prouvesse	
Pretérito perfeito		**Pretérito perfeito**	
prouve	tem prazido		tenha prazido
Pretérito mais-que-perfeito		**Pretérito mais-que-perfeito**	
prouvera	tinha prazido		tivesse prazido
Futuro do presente		**Futuro**	
prazerá	terá prazido	prouver	tiver prazido
Futuro do pretérito			
prazeria	teria prazido		

		FORMAS NOMINAIS	
		Infinitivo impessoal	
		prazer	ter prazido
		Infinitivo pessoal	
		(Não tem)	

MODO IMPERATIVO	
(Não tem)	

		Gerúndio	
		prazendo	tendo prazido
		Particípio	
		prazido	

Obs. — 1. É um verbo defetivo impessoal. 2. É irregular no **presente do indicativo**, no **pretérito perfeito do indicativo** e nos tempos formados do radical do pretérito perfeito do indicativo. 3. Como **prazer** se conjugam **aprazer** e **desprazer**. 4. O verbo **comprazer** é regular, seguindo o modelo **viver**. Apenas é irregular na 3.ª pessoa do presente do indicativo (**compraz**) 5. Não tem **imperativo**.

Modelo: QUERER

MODO INDICATIVO		MODO CONJUNTIVO	
Tempos simples	Tempos compostos	Tempos simples	Tempos compostos
Presente		**Presente**	
quero		queira	
queres		queiras	
quer		queira	
queremos		queiramos	
quereis		queirais	
querem		queiram	
Pretérito imperfeito		**Pretérito imperfeito**	
queria		quisesse	
querias		quisesses	
queria		quisesse	
queríamos		quiséssemos	
queríeis		quisésseis	
queriam		quisessem	
Pretérito perfeito		**Pretérito perfeito**	
quis	tenho querido		tenha querido
quiseste	tens querido		tenhas querido
quis	tem querido		tenha querido
quisemos	temos querido		tenhamos querido
quisestes	tendes querido		tenhais querido
quiseram	têm querido		tenham querido
Pretérito mais-que-perfeito		**Pretérito mais-que-perfeito**	
quisera	tinha querido		tivesse querido
quiseras	tinhas querido		tivesses querido
quisera	tinha querido		tivesse querido
quiséramos	tínhamos querido		tivéssemos querido
quiséreis	tínheis querido		tivésseis querido
quiseram	tinham querido		tivessem querido
Futuro do presente		**Futuro**	
quererei	terei querido	**quiser**	tiver querido
quererás	terás querido	**quiseres**	tiveres querido
quererá	terá querido	**quiser**	tiver querido
quereremos	teremos querido	**quisermos**	tivermos querido
querereis	tereis querido	**quiserdes**	tiverdes querido
quererão	teriam querido	**quiserem**	tiverem querido
Futuro do pretérito		**FORMAS NOMINAIS**	
quereria	teria querido		
quererias	terias querido	**Infinitivo impessoal**	
quereria	teria querido	querer	ter querido
quereríamos	teríamos querido	**Infinitivo pessoal**	
quereríeis	teríeis querido	querer	ter querido
quereriam	teriam querido	quereres	teres querido
MODO IMPERATIVO		querer	ter querido
		querermos	termos querido
Afirmativo	**Negativo**	quererdes	terdes querido
		quererem	terem querido
	não queiras	**Gerúndio**	
	não queira	querendo	tendo querido
(Não tem)	não queiramos	**Particípio**	
	não queirais	querido	
	não queiram		

Obs. — 1. Não se usa o imperativo afirmativo. 2. A 3.ª pessoa do singular do **presente do indicativo** tem também a forma **quere**, quando vem acompanhado de um pronome enclítico: **quere-o**. 3. O verbo derivado **requerer** faz **requei-ro** na 1.ª pessoa do singular do **presente do indicativo** e é regular no **pretérito perfeito do indicativo** e nos tempos derivados do seu radical: **requeri, requereste, requereu**, etc.; **requerera, requereras, requerera**, etc.; **requeresse, requeresses, requeresse**, etc.; **requerer, requereres, requerer**, etc. E usa-se no **imperativo: requer, requeira, re-queiramos, requerei, requeiram**. No **presente do conjuntivo** faz **requeira, requeiras, requeira**, etc.

Modelo: SABER

MODO INDICATIVO		MODO CONJUNTIVO	
Tempos simples	Tempos compostos	Tempos simples	Tempos compostos
Presente		**Presente**	
sei		saiba	
sabes		saibas	
sebe		saiba	
sabemos		saibamos	
sabeis		saibais	
sabem		saibam	
Pretérito imperfeito		**Pretérito imperfeito**	
sabia		soubesse	
sabias		soubesses	
sabia		soubesse	
sabíamos		soubéssemos	
sabíeis		soubésseis	
sabiam		soubessem	
Pretérito perfeito		**Pretérito perfeito**	
soube	tenho sabido		tenha sabido
soubeste	tens sabido		tenhas sabido
soube	tem sabido		tenha sabido
soubemos	temos sabido		tenhamos sabido
soubestes	tendes sabido		tenhais sabido
souberam	têm sabido		tenham sabido
Pretérito mais-que-perfeito		**Pretérito mais-que-perfeito**	
soubera	tinha sabido		tivesse sabido
souberas	tinhas sabido		tivesses sabido
soubera	tinha sabido		tivesse sabido
soubéramos	tínhamos sabido		tivéssemos sabido
soubéreis	tínheis sabido		tivésseis sabido
souberam	tinham sabido		tivessem sabido
Futuro do presente		**Futuro**	
saberei	terei sabido	souber	tiver sabido
saberás	terás sabido	souberes	tiveres sabido
saberá	terá sabido	souber	tiver sabido
saberemos	teremos sabido	soubermos	tivermos sabido
sabereis	tereis sabido	souberdes	tiverdes sabido
saberão	terão sabido	souberem	tiverem sabido
Futuro do pretérito			
saberia	teria sabido		
saberias	terias sabido		
saberia	teria sabido		
saberíamos	teríamos sabido		
saberíeis	teríeis sabido		
saberiam	teriam sabido		

FORMAS NOMINAIS	
Infinitivo impessoal	
saber	ter sabido
Infinitivo pessoal	
saber	ter sabido
saberes	teres sabido
saber	ter sabido
sabermos	termos sabido
saberdes	terdes sabido
saberem	terem sabido
Gerúndio	
sabendo	tendo sabido
Particípio	
sabido	

MODO IMPERATIVO	
Afirmativo	Negativo
sabe	não **saibas**
saiba	não **saiba**
saibamos	não **saibamos**
sabei	não **saibais**
saibam	não **saibam**

Modelo: TRAZER

MODO INDICATIVO		MODO CONJUNTIVO	
Tempos simples	Tempos compostos	Tempos simples	Tempos compostos
Presente		**Presente**	
trago		traga	
trazes		tragas	
traz		traga	
trazemos		tragamos	
trazeis		tragais	
trazem		tragam	
Pretérito imperfeito		**Pretérito imperfeito**	
trazia		trouxesse	
trazias		trouxesses	
trazia		trouxesse	
trazíamos		trouxéssemos	
trazíeis		trouxésseis	
traziam		trouxessem	
Pretérito perfeito		**Pretérito perfeito**	
trouxe	tenho trazido		tenha trazido
trouxeste	tens trazido		tenhas trazido
trouxe	tem trazido		tenha trazido
trouxemos	temos trazido		tenhamos trazido
trouxestes	tendes trazido		tenhais trazido
trouxeram	têm trazido		tenham trazido
Pretérito mais-que-perfeito		**Pretérito mais-que-perfeito**	
trouxera	tinha trazido		tivesse trazido
trouxeras	tinhas trazido		tivesses trazido
trouxera	tinha trazido		tivesse trazido
trouxéramos	tínhamos trazido		tivéssemos trazido
trouxéreis	tínheis trazido		tivésseis trazido
trouxeram	tinham trazido		tivessem trazido
Futuro do presente		**Futuro**	
trarei	terei trazido	trouxer	tiver trazido
trarás	terás trazido	trouxeres	tiveres trazido
trará	terá trazido	trouxer	tiver trazido
traremos	teremos trazido	trouxermos	tivermos trazido
trareis	tereis trazido	trouxerdes	tiverdes trazido
trarão	terão trazido	trouxerem	tiverem trazido
Futuro do pretérito			
traria	teria trazido		
trarias	terias trazido	**FORMAS NOMINAIS**	
traria	teria trazido		
traríamos	teríamos trazido	**Infinitivo impessoal**	
traríeis	teríeis trazido	trazer	ter trazido
trariam	teriam trazido	**Infinitivo pessoal**	

MODO IMPERATIVO	
Afirmativo	Negativo
traz/traze	não **tragas**
traga	não **traga**
tragamos	não **tragamos**
trazei	não **tragais**
tragam	não **tragam**

Infinitivo pessoal

trazer	ter trazido
trazeres	teres trazido
trazer	ter trazido
trazermos	termos trazido
trazerdes	terdes trazido
trazerem	terem trazido
Gerúndio	
trazendo	tendo trazido
Particípio	
	trazido

Obs. — Muda o **z** em **g** na 1.ª pessoa do singular do **presente do indicativo**, em todo o **presente do conjuntivo** e nas pessoas derivadas deste tempo no **imperativo**. Muda o **z** em **r** no **futuro do presente** e no **futuro do pretérito do indicativo**.

Modelo: VALER

MODO INDICATIVO		MODO CONJUNTIVO	
Tempos simples	**Tempos compostos**	**Tempos simples**	**Tempos compostos**
Presente		Presente	
valho		**valha**	
vales		**valhas**	
vale		**valha**	
valemos		**valhamos**	
valeis		**valhais**	
valem		**valham**	
Pretérito imperfeito		Pretérito imperfeito	
valia		valesse	
valias		valesses	
valia		valesse	
valíamos		valêssemos	
valíeis		valêsseis	
valiam		valessem	
Pretérito perfeito		Pretérito perfeito	
vali	tenho valido		tenha valido
valeste	tens valido		tenhas valido
valeu	tem valido		tenha valido
valemos	temos valido		tenhamos valido
valestes	tendes valido		tenhais valido
valeram	têm valido		tenham valido
Pretérito mais-que-perfeito		Pretérito mais-que-perfeito	
valera	tinha valido		tivesse valido
valeras	tinhas valido		tivesses valido
valera	tinha valido		tivesse valido
valêramos	tínhamos valido		tivéssemos valido
valêreis	tínheis valido		tivésseis valido
valeram	tinham valido		tivessem valido
Futuro do presente		Futuro	
valerei	terei valido	valer	tiver valido
valerás	terás valido	valeres	tiveres valido
valerá	terá valido	valer	tiver valido
valeremos	teremos valido	valermos	tivermos valido
valereis	tereis valido	valerdes	tiverdes valido
valerão	terão valido	valerem	tiverem valido
Futuro do pretérito		**FORMAS NOMINAIS**	
valeria	teria valido		
valerias	terias valido	Infinitivo impessoal	
valeria	teria valido	valer	ter valido
valeríamos	teríamos valido	Infinitivo pessoal	
valeríeis	teríeis valido	valer	ter valido
valeriam	teriam valido	valeres	teres valido

MODO IMPERATIVO			
		valer	ter valido
		valermos	termos valido
Afirmativo	**Negativo**	valerdes	terdes valido
		valerem	terem valido
vale	não **valhas**	Gerúndio	
valha	não **valha**	valendo	tendo valido
valhamos	não **valhamos**	Particípio	
valei	não **valhais**		valido
valham	não **valham**		

Obs. — É irregular na 1.ª pessoa do **presente do indicativo** e, consequentemente, no **presente do conjuntivo** e no **imperativo**. O radical **val-** muda-se em **valh-**.

Modelo: VER

MODO INDICATIVO		MODO CONJUNTIVO	
Tempos simples	Tempos compostos	Tempos simples	Tempos compostos
Presente		**Presente**	
vejo		veja	
vês		vejas	
vê		veja	
vemos		vejamos	
vedes		vejais	
veem		vejam	
Pretérito imperfeito		**Pretérito imperfeito**	
via		visse	
vias		visses	
via		visse	
víamos		víssemos	
víeis		vísseis	
viam		vissem	
Pretérito perfeito		**Pretérito perfeito**	
vi	tenho visto		tenha visto
viste	tens visto		tenhas visto
viu	tem visto		tenha visto
vimos	temos visto		tenhamos visto
vistes	tendes visto		tenhais visto
viram	têm visto		tenham visto
Pretérito mais-que-perfeito		**Pretérito mais-que-perfeito**	
vira	tinha visto		tivesse visto
viras	tinhas visto		tivesses visto
vira	tinha visto		tivesse visto
víramos	tínhamos visto		tivéssemos visto
víreis	tínheis visto		tivésseis visto
viram	tinham visto		tivessem visto
Futuro do presente		**Futuro**	
verei	terei visto	vir	tiver visto
verás	terás visto	vires	tiveres visto
verá	terá visto	vir	tiver visto
veremos	teremos visto	virmos	tivermos visto
vereis	tereis visto	virdes	tiverdes visto
verão	terão visto	virem	tiverem visto
Futuro do pretérito		**FORMAS NOMINAIS**	
veria	teria visto		
verias	terias visto	**Infinitivo impessoal**	
veria	teria visto	ver	ter visto
veríamos	teríamos visto	**Infinitivo pessoal**	
veríeis	teríeis visto	ver	ter visto
veriam	teriam visto	veres	teres visto
MODO IMPERATIVO		ver	ter visto
		vermos	termos visto
Afirmativo	Negativo	verdes	terdes visto
vê	não **vejas**	verem	terem visto
veja	não **veja**	**Gerúndio**	
vejamos	não **vejamos**	vendo	tendo visto
vede	não **vejais**	**Particípio**	
vejam	não **vejam**	**visto**	

Obs. — 1. Como este verbo se conjugam **antever**, **entrever**, **prever** e **rever**. 2. O verbo **prover** conjuga-se como **ver**, exceto no **pretérito perfeito do indicativo**, em que é regular: **provi**, **proveste**, **proveu**, etc. O **particípio** é, também, regular: **provido**. Como **prover** se conjuga o seu derivado **desprover**.

Modelo: INFLUIR

MODO INDICATIVO		MODO CONJUNTIVO	
Tempos simples	Tempos compostos	Tempos simples	Tempos compostos
Presente		**Presente**	
influo		influa	
influis		influas	
influi		influa	
influímos		influamos	
influís		influais	
influem		influam	
Pretérito imperfeito		**Pretérito imperfeito**	
influía		influísse	
influías		influísses	
influía		influísse	
influíamos		influíssemos	
influíeis		influísseis	
influíam		influíssem	
Pretérito perfeito		**Pretérito perfeito**	
influí	tenho influído		tenha influído
influíste	tens influído		tenhas influído
influiu	tem influído		tenha influído
influímos	temos influído		tenhamos influído
influístes	tendes influído		tenhais influído
influíram	têm influído		tenham influído
Pretérito mais-que-perfeito		**Pretérito mais-que-perfeito**	
influíra	tinha influído		tivesse influído
influíras	tinhas influído		tivesses influído
influíra	tinha influído		tivesse influído
influíramos	tínhamos influído		tivéssemos influído
influíreis	tínheis influído		tivésseis influído
influíram	tinham influído		tivessem influído
Futuro do presente		**Futuro**	
influirei	terei influído	influir	tiver influído
influirás	terás influído	influíres	tiveres influído
influirá	terá influído	influir	tiver influído
influiremos	teremos influído	influirmos	tivermos influído
influireis	tereis influído	influirdes	tiverdes influído
influirão	terão influído	influírem	tiverem influído
Futuro do pretérito			
influiria	teria influído		
influirias	terias influído		
influiria	teria influído		
influiríamos	teríamos influído		
influiríeis	teríeis influído		
influiriam	teriam influído		

FORMAS NOMINAIS	
Infinitivo impessoal	
influir	ter influído
Infinitivo pessoal	
influir	ter influído
influíres	teres influído
influir	ter influído
influirmos	termos influído
influirdes	terdes influído
influírem	terem influído
Gerúndio	
influindo	tendo influído
Particípio	
influído	

MODO IMPERATIVO

Afirmativo	Negativo
influi	não influas
influa	não influa
influamos	não influamos
influí	não influais
influam	não influam

Obs. — 1. São regulares, mas na 2.ª e 3.ª pessoas do singular do **presente do indicativo** e na 2.ª pessoa do singular do **imperativo afirmativo**, mantêm o **i** na terminação. 2. Na escrita acentua-se graficamente o **i** tónico sempre que não forma ditongo com a vogal que o precede nem com a vogal que o segue. 3. Os verbos **construir** e **destruir** podem apresentar as formas **constróis** (**destróis**), **constrói** (**destrói**), **constroem** (**destroem**) na 2.ª e 3.ª pessoas do singular e na 3.ª do plural do **presente do indicativo** e **constrói** (**destrói**) na 2.ª do singular do **imperativo afirmativo**.

Modelo: IR

MODO INDICATIVO		MODO CONJUNTIVO	
Tempos simples	**Tempos compostos**	**Tempos simples**	**Tempos compostos**
Presente		**Presente**	
vou		vá	
vais		vás	
vai		vá	
vamos		vamos	
ides		vades	
vão		vão	
Pretérito imperfeito		**Pretérito imperfeito**	
ia		fosse	
ias		fosses	
ia		fosse	
íamos		fôssemos	
íeis		fôsseis	
iam		fossem	
Pretérito perfeito		**Pretérito perfeito**	
fui	tenho ido		tenha ido
foste	tens ido		tenhas ido
foi	tem ido		tenha ido
fomos	temos ido		tenhamos ido
fostes	tendes ido		tenhais ido
foram	têm ido		tenham ido
Pretérito mais-que-perfeito		**Pretérito mais-que-perfeito**	
fora	tinha ido		tivesse ido
foras	tinhas ido		tivesses ido
fora	tinha ido		tivesse ido
fôramos	tínhamos ido		tivéssemos ido
fôreis	tínheis ido		tivésseis ido
foram	tinham ido		tivessem ido
Futuro do presente		**Futuro**	
irei	terei ido	for	tiver ido
irás	terás ido	fores	tiveres ido
irá	terá ido	for	tiver ido
iremos	teremos ido	formos	tivermos ido
ireis	tereis ido	fordes	tiverdes ido
irão	terão ido	forem	tiverem ido
Futuro do pretérito			
iria	teria ido		
irias	terias ido		
iria	teria ido		
iríamos	teríamos ido		
iríeis	teríeis ido		
iriam	teriam ido		

FORMAS NOMINAIS	
Infinitivo impessoal	
ir	ter ido
Infinitivo pessoal	
ir	ter ido
ires	teres ido
ir	ter ido
irmos	termos ido
irdes	terdes ido
irem	terem ido
Gerúndio	
indo	tendo ido
Particípio	
	ido

MODO IMPERATIVO	
Afirmativo	**Negativo**
vai	não **vás**
vá	não **vá**
vamos	não **vamos**
ide	não **vades**
vão	não **vão**

Obs. — As formas do pretérito perfeito do indicativo e dos tempos dele derivados são as mesmas das correspondentes do verbo **ser**: fui, fora, fosse, for.

Modelo: OUVIR

MODO INDICATIVO		MODO CONJUNTIVO	
Tempos simples	**Tempos compostos**	**Tempos simples**	**Tempos compostos**
Presente		**Presente**	
ouço		**ouça**	
ouves		**ouças**	
ouve		**ouça**	
ouvimos		**ouçamos**	
ouvis		**ouçais**	
ouvem		**ouçam**	
Pretérito imperfeito		**Pretérito imperfeito**	
ouvia		ouvisse	
ouvias		ouvisses	
ouvia		ouvisse	
ouvíamos		ouvíssemos	
ouvíeis		ouvísseis	
ouviam		ouvissem	
Pretérito perfeito		**Pretérito perfeito**	
ouvi	tenho ouvido		tenha ouvido
ouviste	tens ouvido		tenhas ouvido
ouviu	tem ouvido		tenha ouvido
ouvimos	temos ouvido		tenhamos ouvido
ouvistes	tendes ouvido		tenhais ouvido
ouviram	têm ouvido		tenham ouvido
Pretérito mais-que-perfeito		**Pretérito mais-que-perfeito**	
ouvira	tinha ouvido		tivesse ouvido
ouviras	tinhas ouvido		tivesses ouvido
ouvira	tinha ouvido		tivesse ouvido
ouvíramos	tínhamos ouvido		tivéssemos ouvido
ouvíreis	tínheis ouvido		tivésseis ouvido
ouviram	tinham ouvido		tivessem ouvido
Futuro do presente		**Futuro**	
ouvirei	terei ouvido	ouvir	tiver ouvido
ouvirás	terás ouvido	ouvires	tiveres ouvido
ouvirá	terá ouvido	ouvir	tiver ouvido
ouviremos	teremos ouvido	ouvirmos	tivermos ouvido
ouvireis	tereis ouvido	ouvirdes	tiverdes ouvido
ouvirão	terão ouvido	ouvirem	tiverem ouvido
Futuro do pretérito			
ouviria	teria ouvido		
ouvirias	terias ouvido		
ouviria	teria ouvido		
ouviríamos	teríamos ouvido		
ouviríeis	teríeis ouvido		
ouviriam	teriam ouvido		

FORMAS NOMINAIS

Infinitivo impessoal	
ouvir	ter ouvido
Infinitivo pessoal	
ouvir	ter ouvido
ouvires	teres ouvido
ouvir	ter ouvido
ouvirmos	termos ouvido
ouvirdes	terdes ouvido
ouvirem	terem ouvido
Gerúndio	
ouvindo	tendo ouvido
Particípio	
	ouvido

MODO IMPERATIVO

Afirmativo	**Negativo**
ouve	não **ouças**
ouça	não **ouça**
ouçamos	não **ouçamos**
ouvi	não **ouçais**
ouçam	não **ouçam**

Obs. — 1. A irregularidade manifesta-se na 1.ª pessoa do singular do **presente do indicativo** e, consequentemente, no **presente do conjuntivo** e nas pessoas do **imperativo** dele derivadas: o radical **ouv-** muda-se em **ouç-**. 2. Em vez de **ouço** também se usa a forma **oiço**, na 1.ª pessoa do singular do **presente do indicativo**. Do mesmo modo, também no **presente do conjuntivo** se pode dizer **oiça**, **oiças**, **oiça**, etc., e nas pessoas do **imperativo** dele derivadas.

Modelo: PEDIR

MODO INDICATIVO		MODO CONJUNTIVO	
Tempos simples	**Tempos compostos**	**Tempos simples**	**Tempos compostos**
Presente		**Presente**	
peço		peça	
pedes		peças	
pede		peça	
pedimos		peçamos	
pedis		peçais	
pedem		peçam	
Pretérito imperfeito		**Pretérito imperfeito**	
pedia		pedisse	
pedias		pedisses	
pedia		pedisse	
pedíamos		pedíssemos	
pedíeis		pedísseis	
pediam		pedissem	
Pretérito perfeito		**Pretérito perfeito**	
pedi	tenho pedido		tenha pedido
pediste	tens pedido		tenhas pedido
pediu	tem pedido		tenha pedido
pedimos	temos pedido		tenhamos pedido
pedistes	tendes pedido		tenhais pedido
pediram	têm pedido		tenham pedido
Pretérito mais-que-perfeito		**Pretérito mais-que-perfeito**	
pedira	tinha pedido		tivesse pedido
pediras	tinhas pedido		tivesses pedido
pedira	tinha pedido		tivesse pedido
pedíramos	tínhamos pedido		tivéssemos pedido
pedíreis	tínheis pedido		tivésseis pedido
pediram	tinham pedido		tivessem pedido
Futuro do presente		**Futuro**	
pedirei	terei pedido	pedir	tiver pedido
pedirás	terás pedido	pedires	tiveres pedido
pedirá	terá pedido	pedir	tiver pedido
pediremos	teremos pedido	pedirmos	tivermos pedido
pedireis	tereis pedido	pedirdes	tiverdes pedido
pedirão	terão pedido	pedirem	tiverem pedido
Futuro do pretérito			
pediria	teria pedido	**FORMAS NOMINAIS**	
pedirias	terias pedido		
pediria	teria pedido	**Infinitivo impessoal**	
pediríamos	teríamos pedido	pedir	ter pedido
pediríeis	teríeis pedido	**Infinitivo pessoal**	
pediriam	teriam pedido	pedir	ter pedido
		pedires	teres pedido
MODO IMPERATIVO		pedir	ter pedido
		pedirmos	termos pedido
Afirmativo	**Negativo**	pedirdes	terdes pedido
		pedirem	terem pedido
pede	não **peças**	**Gerúndio**	
peça	não **peça**	pedindo	tendo pedido
peçamos	não **peçamos**	**Particípio**	
pedi	não **peçais**	pedido	
peçam	não **peçam**		

Obs. — A irregularidade manifesta-se na 1.ª pessoa do singular do **presente do indicativo** e, consequentemente, no **presente do conjuntivo** e nas formas do **imperativo** dele derivadas: o radical ped- muda-se em peç-.

Modelo: RIR

MODO INDICATIVO		MODO CONJUNTIVO	
Tempos simples	**Tempos compostos**	**Tempos simples**	**Tempos compostos**
Presente		**Presente**	
rio		ria	
ris		rias	
ri		ria	
rimos		riamos	
rides		riais	
riem		riam	
Pretérito imperfeito		**Pretérito imperfeito**	
ria		risse	
rias		risses	
ria		risse	
ríamos		ríssemos	
ríeis		rísseis	
riam		rissem	
Pretérito perfeito		**Pretérito perfeito**	
ri	tenho rido		tenha rido
riste	tens rido		tenhas rido
riu	tem rido		tenha rido
rimos	temos rido		tenhamos rido
ristes	tendes rido		tenhais rido
riram	têm rido		tenham rido
Pretérito mais-que-perfeito		**Pretérito mais-que-perfeito**	
rira	tinha rido		tivesse rido
riras	tinhas rido		tivesses rido
rira	tinha rido		tivesse rido
ríramos	tínhamos rido		tivéssemos rido
ríreis	tínheis rido		tivésseis rido
riram	tinham rido		tivessem rido
Futuro do presente		**Futuro**	
rirei	terei rido	rir	tiver rido
rirás	terás rido	rires	tiveres rido
rirá	terá rido	rir	tiver rido
riremos	teremos rido	rirmos	tivermos rido
rireis	tereis rido	rirdes	tiverdes rido
rirão	terão rido	rirem	tiverem rido
Futuro do pretérito		**FORMAS NOMINAIS**	
riria	teria rido		
ririas	terias rido	**Infinitivo impessoal**	
riria	teria rido	rir	ter rido
riríamos	teríamos rido	**Infinitivo pessoal**	
riríeis	teríeis rido	rir	ter rido
ririam	teriam rido	rires	teres rido
MODO IMPERATIVO		rir	ter rido
		rirmos	termos rido
Afirmativo	**Negativo**	rirdes	terdes rido
		rirem	terem rido
ri	não **rias**	**Gerúndio**	
ria	não **ria**	rindo	tendo rido
riamos	não **riamos**	**Particípio**	
ride	não **riais**		rido
riam	não **riam**		

Obs. — É irregular apenas no **presente do indicativo** e do **conjuntivo** e no **imperativo**. Nestas formas, mantém-se o **i** do radical.

Modelo: SAIR

MODO INDICATIVO		MODO CONJUNTIVO	
Tempos simples	Tempos compostos	Tempos simples	Tempos compostos
Presente		**Presente**	
saio		saia	
sais		saias	
sai		saia	
saímos		saiamos	
saís		saiais	
saem		saiam	
Pretérito imperfeito		**Pretérito imperfeito**	
saía		saísse	
saías		saísses	
saía		saísse	
saíamos		saíssemos	
saíeis		saísseis	
saíam		saíssem	
Pretérito perfeito		**Pretérito perfeito**	
saí	tenho saído		tenha saído
saíste	tens saído		tenhas saído
saiu	tem saído		tenha saído
saímos	temos saído		tenhamos saído
saístes	tendes saído		tenhais saído
saíram	têm saído		tenham saído
Pretérito mais-que-perfeito		**Pretérito mais-que-perfeito**	
saíra	tinha saído		tivesse saído
saíras	tinhas saído		tivesses saído
saíra	tinha saído		tivesse saído
saíramos	tínhamos saído		tivéssemos saído
saíreis	tínheis saído		tivésseis saído
saíram	tinham saído		tivessem saído
Futuro do presente		**Futuro**	
sairei	terei saído	sair	tiver saído
sairás	terás saído	saíres	tiveres saído
sairá	terá saído	sair	tiver saído
sairemos	teremos saído	sairmos	tivermos saído
saireis	tereis saído	sairdes	tiverdes saído
sairão	terão saído	saírem	tiverem saído
Futuro do pretérito			
sairia	teria saído		
sairias	terias saído		
sairia	teria saído		
sairíamos	teríamos saído		
sairíeis	teríeis saído		
sairiam	teriam saído		

MODO IMPERATIVO

Afirmativo	Negativo
sai	não saias
saia	não saia
saiamos	não saiamos
saí	não saiais
saiam	não saiam

FORMAS NOMINAIS

Infinitivo impessoal	
sair	ter saído
Infinitivo pessoal	
sair	ter saído
saíres	teres saído
sair	ter saído
sairmos	termos saído
sairdes	terdes saído
saírem	terem saído
Gerúndio	
saindo	tendo saído
Particípio	
saído	

Obs. — 1. Os verbos terminados em **-air** mantêm o **i** em toda a conjugação, exceto na 3.ª pessoa do plural do **presente do indicativo** (**saem**). 2. O **i** do tema é acentuado graficamente, sempre que constitui, só por si, sílaba tónica: cf. *sai* e saí; *sair* e saíres.

Modelo: SEDUZIR

MODO INDICATIVO		MODO CONJUNTIVO	
Tempos simples	**Tempos compostos**	**Tempos simples**	**Tempos compostos**
Presente		**Presente**	
seduzo		seduza	
seduzes		seduzas	
sedu**z**		seduza	
seduzimos		seduzamos	
seduzis		seduzais	
seduzem		seduzam	
Pretérito imperfeito		**Pretérito imperfeito**	
seduzia		seduzisse	
seduzias		seduzisses	
seduzia		seduzisse	
seduzíamos		seduzíssemos	
seduzíeis		seduzísseis	
seduziam		seduzissem	
Pretérito perfeito		**Pretérito perfeito**	
seduzi	tenho seduzido		tenha seduzido
seduziste	tens seduzido		tenhas seduzido
seduziu	tem seduzido		tenha seduzido
seduzimos	temos seduzido		tenhamos seduzido
seduzistes	tendes seduzido		tenhais seduzido
seduziram	têm seduzido		tenham seduzido
Pretérito mais-que-perfeito		**Pretérito mais-que-perfeito**	
seduzira	tinha seduzido		tivesse seduzido
seduziras	tinhas seduzido		tivesses seduzido
seduzira	tinha seduzido		tivesse seduzido
seduzíramos	tínhamos seduzido		tivéssemos seduzido
seduzíreis	tínheis seduzido		tivésseis seduzido
seduziram	tinham seduzido		tivessem seduzido
Futuro do presente		**Futuro**	
seduzirei	terei seduzido	seduzir	tiver seduzido
seduzirás	terás seduzido	seduzires	tiveres seduzido
seduzirá	terá seduzido	seduzir	tiver seduzido
seduziremos	teremos seduzido	seduzirmos	tivermos seduzido
seduzireis	tereis seduzido	seduzirdes	tiverdes seduzido
seduzirão	terão seduzido	seduzirem	tiverem seduzido
Futuro do pretérito			
seduziria	teria seduzido	**FORMAS NOMINAIS**	
seduzirias	terias seduzido		
seduziria	teria seduzido	**Infinitivo impessoal**	
seduziríamos	teríamos seduzido	seduzir	ter seduzido
seduziríeis	teríeis seduzido	**Infinitivo pessoal**	
seduziriam	teriam seduzido	seduzir	ter seduzido
		seduzires	teres seduzido
MODO IMPERATIVO		seduzir	ter seduzido
		seduzirmos	termos seduzido
Afirmativo	**Negativo**	seduzirdes	terdes seduzido
		seduzirem	terem seduzido
sedu**z**	não seduzas	**Gerúndio**	
seduza	não seduza	seduzindo	tendo seduzido
seduzamos	não seduzamos	**Particípio**	
seduzi	não seduzais	seduzido	
seduzam	não seduzam		

Obs. — Os verbos terminados em **-uzir** são **regulares**. Apenas a 3.ª pessoa do singular do **presente do indicativo** e a 2.ª pessoa do singular do **imperativo afirmativo** apresentam a irregularidade de terminarem em **z** (tal como acontece com os verbos terminados em **- zer**: **dizer - diz, fazer - faz, jazer - jaz**.

Modelo: VIR

MODO INDICATIVO		MODO CONJUNTIVO	
Tempos simples	**Tempos compostos**	**Tempos simples**	**Tempos compostos**
Presente		**Presente**	
venho		venha	
vens		venhas	
vem		venha	
vimos		venhamos	
vindes		venhais	
vêm		venham	
Pretérito imperfeito		**Pretérito imperfeito**	
vinha		viesse	
vinhas		viesses	
vinha		viesse	
vínhamos		viéssemos	
vínheis		viésseis	
vinham		viessem	
Pretérito perfeito		**Pretérito perfeito**	
vim	tenho vindo		tenha vindo
vieste	tens vindo		tenhas vindo
veio	tem vindo		tenha vindo
viemos	temos vindo		tenhamos vindo
viestes	tendes vindo		tenhais vindo
vieram	têm vindo		tenham vindo
Pretérito mais-que-perfeito		**Pretérito mais-que-perfeito**	
viera	tinha vindo		tivesse vindo
vieras	tinhas vindo		tivesses vindo
viera	tinha vindo		tivesse vindo
viéramos	tínhamos vindo		tivéssemos vindo
viéreis	tínheis vindo		tivésseis vindo
vieram	tinham vindo		tivessem vindo
Futuro do presente		**Futuro**	
virei	terei vindo	vier	tiver vindo
virás	terás vindo	vieres	tiveres vindo
virá	terá vindo	vier	tiver vindo
viremos	teremos vindo	viermos	tivermos vindo
vireis	tereis vindo	vierdes	tiverdes vindo
virão	terão vindo	vierem	tiverem vindo
Futuro do pretérito		**FORMAS NOMINAIS**	
viria	teria vindo		
virias	terias vindo	**Infinitivo impessoal**	
viria	teria vindo	vir	ter vindo
viríamos	teríamos vindo	**Infinitivo pessoal**	
viríeis	teríeis vindo	vir	ter vindo
viriam	teriam vindo	vires	teres vindo
MODO IMPERATIVO		vir	ter vindo
		virmos	termos vindo
		virdes	terdes vindo
Afirmativo	**Negativo**	virem	terem vindo
		Gerúndio	
vem	não **venhas**	vindo	tendo vindo
venha	não **venha**	**Particípio**	
venhamos	não **venhamos**		**vindo**
vinde	não **venhais**		
venham	não **venham**		

Obs. — 1. O **particípio** é irregular. 2. O **gerúndio** e o **particípio** têm a mesma forma.

VERBOS DE PARTICÍPIO IRREGULAR

Alguns verbos de 2.ª e 3.ª conjugações têm apenas um particípio irregular:

Infinitivo	Particípio	Infinitivo	Particípio
dizer	dito	pôr	posto
escrever	escrito	abrir	aberto
fazer	feito	cobrir	coberto
ver	visto	vir	vindo

Observações:

1. Igualmente irregular é o particípio dos derivados dos verbos acima registados:

Infinitivo	Particípio	Infinitivo	Particípio
desdizer	desdito	rever	revisto
descrever	descrito	depor	deposto
inscrever	inscrito	impor	imposto
prescrever	prescrito	repor	reposto
reescrever	reescrito	propor	proposto
contrafazer	contrafeito	descobrir	descoberto
desfazer	desfeito	entreabrir	entreaberto
refazer	refeito	advir	advindo
satisfazer	satisfeito	convir	convindo
prever	previsto		

2. Exclui-se deste conjunto o verbo **prover**, cujo particípio é **provido**.

3. **Desabrido** não é particípio regular de **desabrir**, mas, provavelmente, forma reduzida de **dessaborido**, talvez de origem espanhola. Usa-se apenas como **adjetivo**, significando "rude", "violento", "descontrolado".

4. Dos verbos **ganhar**, **gastar** e **pagar** apenas se empregam os **particípios irregulares**: ganho, gasto e pago. As formas regulares caíram em desuso.

VERBOS COM PARTICÍPIOS DUPLOS

Alguns verbos portugueses têm dois **particípios**, um regular, terminado em **-ado** ou **-ido** e outro irregular, que provém, regra geral, do latim (forma erudita) e apresenta uma forma reduzida.

Primeira conjugação

Infinitivo	Particípio regular	Particípio irregular
aceitar	aceitado	aceito ou aceite
afeiçoar	afeiçoado	afeto
assentar	assentado	assente
cativar	cativado	cativo
cegar	cegado	cego
completar	completado	completo
cultivar	cultivado	culto
descalçar	descalçado	descalço
dispersar	dispersado	disperso
encarregar	encarregado	encarregue
entregar	entregado	entregue
enxugar	enxugado	enxuto
expressar	expressado	expresso
expulsar	expulsado	expulso
fartar	fartado	farto
findar	findado	findo
fixar	fixado	fixo
infetar	infetado	infeto
inquietar	inquietado	inquieto
isentar	isentado	isento
juntar	juntado	junto
libertar	libertado	liberto
limpar	limpado	limpo
manifestar	manifestado	manifesto
matar	matado	morto
murchar	murchado	murcho
ocultar	ocultado	oculto
salvar	salvado	salvo
secar	secado	seco
segurar	segurado	seguro

situar	situado	sito
soltar	soltado	solto
sujeitar	sujeitado	sujeito
suspeitar	suspeitado	suspeito
vagar	vagado	vago

Segunda conjugação

Infinitivo	**Particípio regular**	**Particípio irregular**
absorver	absorvido	absorto
acender	acendido	aceso
agradecer	agradecido	grato
atender	atendido	atento
benzer	benzido	bento
convencer	convencido	convicto
corromper	corrompido	corrupto
defender	defendido	defeso
dissolver	dissolvido	dissoluto
eleger	elegido	eleito
envolver	envolvido	envolto
incorrer	incorrido	incurso
morrer	morrido	morto
nascer	nascido	nado
perverter	pervertido	perverso
prender	prendido	preso
pretender	pretendido	pretenso
revolver	revolvido	revolto
romper	rompido	roto
submeter	submetido	submisso
surpreender	surpreendido	surpreso
suspender	suspendido	suspenso
tender	tendido	tenso
torcer	torcido	torto

Terceira conjugação

Infinitivo	**Particípio regular**	**Particípio irregular**
abstrair	abstraído	abstrato
afligir	afligido	aflito
concluir	concluído	concluso
confundir	confundido	confuso
corrigir	corrigido	correto

dirigir	dirigido	direto
distinguir	distinguido	distinto
emergir	emergido	emerso
erigir	erigido	ereto
exprimir	exprimido	expresso
extinguir	extinguido	extinto
frigir	frigido	frito
imergir	imergido	imerso
imprimir	imprimido	impresso
incluir	incluído	incluso
inserir	inserido	inserto
omitir	omitido	omisso
oprimir	oprimido	opresso
repelir	repelido	repulso
restringir	restringido	restrito
submergir	submergido	submerso
tingir	tingido	tinto

Observações:

1. A forma regular é, regra geral, a que se utiliza nos tempos compostos da **voz ativa** (com os auxiliares **ter** ou **haver**): *Nós **temos expulsado** os intrusos.*

A forma irregular utiliza-se, sobretudo, na formação dos tempos da voz passiva (com o auxiliar **ser**): *Nós **fomos expulsos** pelo guarda.*

2. Apenas as formas irregulares se usam como **adjetivos** e são as que se empregam com os verbos **andar**, **estar**, **ficar**, **ir** e **vir**: *Andamos **mortos** de cansaço. **Estou liberto** do trabalho. **Fiquei preso** ao arame. **Vou direto** ao supermercado. **Venho aflita** com as horas.*

3. O particípio **rompido** também se emprega nos tempos da **voz passiva**: *O lençol **foi rompido** pelo cão.* A forma **roto** é utilizada, em regra, como **adjetivo**.

4. Sob a influência do particípio **entregue** formou-se **empregue** (empregar): *O dinheiro **foi bem empregue**.*

5. **Morto** é particípio de **morrer** e, por extensão, passou a sê-lo, também, de **matar**.

6. **Impresso** é utilizado, apenas, na aceção de "gravado", "estampado".

Se **imprimir** significa "produzir movimento", então o particípio usado é **imprimido**: *Esta revista é **impressa** em Barcelona. **Foi imprimido** novo alento ao teatro.*

7. A forma **aceite** é mais usada do que **aceito**.

VERBOS DEFETIVOS

Regra geral, dividem-se os verbos defetivos por três grupos:

Impessoais — são os verbos que, não tendo sujeito, apenas admitem a 3.ª pessoa do singular. São:

1. os verbos que exprimem **fenómenos** da natureza:

alvorecer	estiar	saraivar
amanhecer	gear	trovejar
anoitecer	nevar	ventar
chover	orvalhar	
chuviscar	relampejar	

2. certos verbos que indicam **necessidade, conveniência, ou sensações** (seguidos ou não de preposição):

bastar: *Basta de teimosia!*
chegar: *Chega de estudo, por hoje.*
doer: *Dói-me aqui.*
parecer: *Parece-me que hoje vai nevar.*
prazer: *Praza a Deus que não chova!*

3. o verbo **haver**, quando significa «**existir**» ou indica «**decurso do tempo**»:

Há muitas flores nesta casa.
Há muitos dias que o vejo passar.

4. o verbo **fazer**, quando indica **decurso do tempo**:

Já fez dois anos que partiu para África.

Unipessoais — são os verbos que se conjugam apenas na 3.ª pessoa do singular e do plural. São:

1. os verbos que exprimem **vozes**, **ações** ou **estados** característicos de animais:

cacarejar	rosnar	cavalgar	galopar
ladrar	zumbir	esvoaçar	trotar

2. os verbos **acontecer, concernir, grassar, constar** (significando "ser constituído"), **assentar** (referido a vestuário): *Acontece sempre o que temo. Aconteceram muitas coisas, hoje. Aceito as críticas que **concernem** à apresentação do trabalho. Agora, **grassam** as viroses. Os textos **constam** de três partes. O casaco **assenta-te** bem.*

Observação: Quer os verbos que traduzem as vozes dos animais, quer os que indicam fenómenos da natureza podem ser usados em todas as pessoas, quando têm um valor metafórico: *É bom que **rosnes** menos, Pedro. Fala! **Choviam** impropérios de todo o lado.*

Pessoais (**defetivos**, no sentido propriamente dito) — são os verbos que não são usados em algumas pessoas, ou tempos — por razões eufónicas, de desuso ou, ainda, outras mal definidas. A maior parte destes são da 3.ª conjugação.

1. Destes, há os que só se usam nas formas em que conservam o **i** do tema:

Colorir: ind. pres. — **colorimos, coloris**
        pret. imperf. — **coloria, colorias, coloria**, etc.
        pret. perf. — **colori, coloriste, coloriu**, etc.
        pret. mais-que-perf. — **colorira, coloriras, colorira**, etc.
        fut. pres. — **colorirei, colorirás, colorirá**, etc.
        fut. pret. — **coloriria, coloririas, coloriria**, etc.
        conj. pres. ———
        pret. imperf. — **colorisse, colorisses, colorisse**, etc.
        fut. — **colorir, colorires, colorir**, etc.
        imperat. — **colori**

Como **colorir**, conjugam-se, entre outros, os seguintes verbos da 3.ª conjugação:

abolir	comedir-se	escapulir	polir
adir	delinquir	extorquir	remir
banir	demolir	falir	renhir
carpir	descomedir-se	florir	retorquir
combalir	empedernir	munir	sortir

2. Outros verbos, como **aturdir**, só se conjugam nas formas em que persiste o **i** do tema ou este é substituído por **e**.

aturdir: ind. pres. **aturdes, aturde, aturdimos, aturdis, aturdem**
        pret. imperf. — **aturdia, aturdias, aturdia**, etc.
        pret. perf. — **aturdi, aturdiste, aturdiu**, etc.

pret. mais-que-perf. — **aturdira, aturdiras, aturdira**, etc.
fut. pres. — **aturdirei, aturdirás, aturdirá**, etc.
fut. pret. — **aturdiria, aturdirias, aturdiria**, etc.
conj. pres. —————
pret. imperf. — **aturdisse, aturdisses, aturdisse**, etc.
fut. — **aturdir, aturdires, aturdir**, etc.
imperat. — **aturde, aturdi**

Como **aturdir**, conjugam-se ainda outros verbos:

brandir	exaurir	haurir	submergir
brunir	fremir	imergir	ungir
emergir	fulgir	jungir	

3. O verbo **precaver-se** (é raro o emprego da forma não reflexiva) só se usa nas formas em que o acento tónico não recaia sobre o radical:

ind. pres. — **precavemo-nos, precaveis-vos**
conj. pres. —————
imperat. — **precavei-vos**

É de conjugação regular, pois não deriva nem de **ver**, nem de **vir**. Segue o modelo da 2.ª conjugação:

ind. pret. perf. — **precavi-me, precaveste-te, precaveu-se**, etc.
conj. pret. imperf. — **precavesse-me, precavesses-te, precavesse-se**, etc.

4. O verbo **reaver** usa-se nas formas em que se mantém o **v**: **reavemos, reaveis, reavia**, etc.

Observações: Alguns dos verbos defetivos são substituídos por sinónimos nas pessoas ou tempos que não possuem. Assim: **anular** (por **abolir**), **acrescentar** (por **adir**), **ralhar** (por **renhir**), **recuperar** (por **reaver**), **redimir** (por **remir**), **abrir falência** (por **falir**), **acautelar-se** (por **precaver-se**), etc.

LISTA GERAL
DOS VERBOS

A

VERBOS
COM PREPOSIÇÕES

A

abalançar-se a
arriscar-se, atirar-se:
Abalancei-me à experiência, sem receio.

abalar de
partir, ir embora:
O emigrante abala da sua terra, sempre triste.

abancar em
sentar-se, instalar-se por algum tempo:
Mal chegou, abancou logo na cozinha!

abastecer-se de
prover-se do necessário:
Hoje, podemos abastecer-nos de fruta.

abdicar de
renunciar *, resignar **:
* *O aluno abdicou do seu estatuto.*
** *O rei abdicou do trono em favor do filho.*

abeirar-se de
aproximar-se:
O aluno abeirou-se da professora, timidamente.

aborrecer-se com
entristecer-se, incomodar-se:
Aborreceste-te com a tua irmã?

aborrecer-se de
enfastiar-se, cansar-se:
O João aborreceu-se dos amigos e prefere agora ficar só.

abrigar-se de
proteger-se:
As crianças abrigaram-se rapidamente da chuva.

abrir-se com
desvendar-se, abrir os seus sentimentos, as suas dúvidas:
Decidi abrir-me com os meus pais.

abster-se de
privar-se, coibir-se:
Absteve-se de se pronunciar sobre o caso.

abstrair de
separar, omitir:
Abstrai da dificuldade e encara o interesse deste trabalho.

abstrair-se de
alhear-se, afastar-se:
Abstraio-me facilmente do que me rodeia.

abusar de
usar em excesso:
O rapaz abusou da minha confiança.

acabar com
pôr fim a:
*Esclarecendo o público, **acabam com** a intriga.*

acautelar-se com
tomar precauções, precaver-se:
*Não **me acautelei com** as horas e cheguei atrasado!*

aceder a
anuir *, alcançar **:
* ***Acedeu ao** meu desejo.*
** ***Acedeu à** categoria de diretor.*

acercar-se de
aproximar-se:
***Acerquei-me dele** para o cumprimentar.*

acertar em
atingir um alvo:
*A bola **acertou em** ti mas não te feriu.*

acomodar-se a
adaptar-se, conformar-se:
***Acomodo-me** facilmente **às** situações.*

acompanhar com
andar com, conviver:
*O João **acompanha com** colegas interessantes.*

aconselhar-se com
pedir conselho:
***Aconselha-te com** a Teresa, que sabe do assunto.*

aconselhar a
dar conselho:
***Aconselhei-o** a mudar de assunto.*

acorrer a
ajudar, correr em socorro:
***Acorre ao** João, que está aflito.*

acorrer-se de
socorrer-se, procurar ajuda:
***Acorri-me da** cábula, porque não me lembrava da fórmula.*

acreditar em
confiar, crer:
***Acredito em** ti, com certeza.*

acudir a
ir em auxílio:
*O polícia **acudiu ao** apelo da criança.*

acudir por
defender:
*Devemos **acudir pelos** mais fracos.*

adaptar-se a
integrar-se, habituar-se:
*O João **adaptou-se** bem **à** escola.*

adequar-se a
amoldar-se, adaptar-se:
*Este trabalho **adequava-se ao** seu temperamento.*

aderir a
ligar-se, abraçar partido, seita ou opinião:
***Aderimos à** tua causa, por ser justa.*

advir de
provir, resultar:
*As tuas dúvidas **advêm do** teu pessimismo.*

afeiçoar-se a
ganhar amizade ou afeto a:
***Afeiçoo-me** muito **aos** alunos.*

aferir por
avaliar, julgar:
***Afere-se pela** tua atitude que estás interessada.*

aflorar a
emergir, surgir:
Aflora ao meu pensamento a ideia da fuga.

afundar-se em
mergulhar *, concentrar-se **:
* *Afundo-me em problemas, todos os dias!*
** *Para calar a dor, afundava-se nos livros.*

agastar-se com
irritar-se, aborrecer-se:
Agastas-te facilmente com quem discorde de ti!

agir contra
atuar contra, proceder contra:
Agiste contra a indisciplina?

agir por
proceder, comportar-se:
Não agiste por mal, eu sei!

ajustar a
conformar, encaixar:
Ajustemos o molde ao corpo.

ajustar-se a
acomodar-se, adaptar-se:
Este texto ajusta-se ao tema em questão.

ajustar com
estabelecer condições, combinar *, conciliar **:
* *Ajustaste o preço com o vendedor?*
** *Já ajustámos as contas, finalmente, um com o outro.*

alargar-se a
abranger, envolver:
Estas medidas alargam-se a todos os graus de ensino.

alargar-se em
ampliar:
Alarguei-me em considerações desnecessárias.

alcunhar de
pôr alcunha, dar outro nome:
Alcunharam de «Galo» o rapaz, por ser vaidoso.

alegrar-se com
sentir grande contentamento:
Alegremo-nos com estas novidades!

alegrar-se de/por
sentir grande contentamento:
Alegrou-se de (por) o ver são e salvo.

alertar para
chamar a atenção, avisar:
O pai alerta o filho para a importância do estudo.

alhear-se de
esquecer *, distrair-se **:
* *Alheio-me do que me perturba.*
** *Nas aulas, alheio-me facilmente do trabalho.*

alicerçar-se em
apoiar-se, basear-se:
Há ideias que se alicerçam em reflexões ligeiras.

alimentar-se a/com/de
sustentar-se, nutrir-se:
Os gatos tanto se alimentam a (com, de) peixe como a (com, de) carne.

alinhar com
aderir a uma ação coletiva:
Alinhas com o nosso grupo para um passeio?

alistar-se em
    incorporar:
    *O Pedro **alistou-se no** exército.*

aliviar de
    melhorar, abrandar:
    *A tua recuperação **aliviou-me da** tensão em que vivi estes dias.*

alternar com
    revezar:
    *A Teresa **alternava com** o irmão na vigília daquela noite.*

aludir a
    fazer alusão, referir:
    *O orador **aludiu**, depois, **à** tímida evolução do sucesso escolar.*

ambientar-se a
    criar ambiente para si, acomodar-se:
    ***Ambientei-me** com dificuldade **à** vida na cidade.*

amotinar-se contra
    revoltar-se:
    *Os soldados **amotinaram-se contra** o rigor de tais exercícios.*

amparar-se a/em
    apoiar-se, firmar-se:
    *A velhinha **amparava-se** ternamente **ao (no)** neto.*

amuar com
    enfadar-se, pôr-se de mau humor:
    *Por pouco **amuas com** os teus amigos!*

andar em
    frequentar:
    ***Ando no** 3.º ano de Gestão de Empresas.*

andar para
    ter a intenção:
    ***Andámos para** te visitar, mas não calhou.*

andar por
    aproximar-se:
    *O meu avô já **anda pelos** oitenta anos.*

ansiar por
    desejar muito:
    *Os alunos **anseiam por** que cheguem as férias.*

antagonizar-se com
    criar conflito:
    *Quando não há compreensão, os filhos **antagonizam-se com** os pais.*

antecipar-se a
    adiantar-se, aparecer mais cedo:
    ***Antecipaste-te aos** colegas com receio de outros serem mais prontos na resposta!*
    *Os acontecimentos **anteciparam-se às** previsões.*

antepor(-se) a
    pôr-se antes *, preferir **:
    * *No texto poético, nem sempre o nome **se antepõe ao** pronome. É uma questão de ênfase.*
    ** ***Antepõe** os teus princípios **às** tuas ambições.*

anuir a/em
    concordar, condescender:
    *O governo **anuiu às** reivindicações e **em** fazer sair rapidamente a legislação necessária.*

apanhar com
    ser atingido:
    *O professor **apanhou com** todos os protestos dos alunos.*

apegar-se a
afeiçoar-se *, aproveitar-se **:
* Os avós **apegam-se aos** netos de forma muito intensa.
** **Apegou-se à** promessa da cunha de tal modo que não procurou outra solução.

apelar a/para
pedir, socorrer-se:
O réu **apelou ao** testemunho dos amigos e **para** a lei que o protege de arbitrariedades.

apelidar de
chamar, intitular:
A História **apelidou** Afonso Henriques **de** Conquistador pela ação da reconquista que desenvolveu.

aperceber-se de
compreender, dar-se conta:
Não **me apercebi** logo **do** erro que estava a cometer.

apertar com
fazer pressão, averiguar:
O polícia **apertou com** o detido para obter mais informações.

apiedar-se de
ter pena, condoer-se:
Apiedemo-nos dos pobres e doentes.

aplicar-se a
concentrar-se, empenhar-se:
Aplica-te ao estudo.

apoderar-se de
tomar em posse, apossar-se:
O ladrão **apoderou-se da** arma e assim resistiu.

apoiar-se em
basear-se *, encostar-se, tomar como apoio **:
* **Apoiei-me numa** vasta bibliografia para fazer o trabalho.
** **Apoiou-se no** banco e na mesa, para subir.
Apoiem-se no vosso professor para redigir a exposição ao Conselho Diretivo.

apontar para
indicar, sugerir:
As estatísticas **apontavam para** estes resultados.

apossar-se de
o m. q. apoderar-se.

apostar em
sustentar, fazer voto de confiança:
O grupo de trabalho **aposta na** credibilidade dos inquéritos.

aprazer a
agradar:
Apraz ao professor constatar a evolução positiva dos alunos.

apressar-se a
dar-se pressa, despachar-se:
Os governantes **apressaram-se a** debruçar-se sobre as leis laborais.

aproveitar-se de
tirar proveito, benefício:
O ladrão **aproveita-se da** distração das pessoas.

arcar com
arrostar, assumir:
Os dirigentes **arcam com** as responsabilidades das orientações dadas.

arder de/em
inflamar-se, sentir-se apaixonado:
A minha cabeça **arde da** emoção! **Ardo em** febre.

argumentar com
alegar *, debater **:
* *O funcionário **argumentou com** o peso da burocracia a demora da resposta.*
** ***Argumentavam** acaloradamente um **com** o outro.*

arremeter contra
investir com ímpeto, lançar-se contra:
*O cão **arremeteu contra** o fugitivo, logo ao primeiro sinal.*

arrepender-se de
lamentar ato cometido:
***Arrependeu-se de** a ter assustado assim.*

arrepiar-se com/de
sentir arrepios:
***Arrepiei-me com** a emoção e, ao mesmo tempo, **de** espanto.*

articular-se com
conjugar-se, ligar-se:
*O tom do discurso **articula-se** perfeitamente **com** o ritmo da frase.*

ascender a
atingir:
*O secretário de estado **ascendeu a** ministro por mérito próprio.*

aspirar a
ambicionar, desejar muito:
*Todos **aspiramos ao** progresso, ainda que nem todos para ele contribuam.*

assemelhar-se a/com
afigurar-se, parecer:
*A criança maltratada **assemelha-se a (com)** um animal ferido: é imprevisível a sua reação.*

associar-se a
juntar-se com, cooperar, entrar para uma associação ou sociedade:
***Associa-te às** minorias generosas.*

assomar a
aparecer *, aflorar, ocorrer **:
* *Mal **assomou à** porta foi alvejado.*
** ***Assomou-me ao** pensamento a ideia de uma aventura.*

assustar-se com
sentir medo, sofrer susto:
***Assustaram-se com** o ladrar do cão.*

atentar contra
cometer atentado, provocar:
*Quem **atenta contra** a lei, sujeita-se a consequências desagradáveis.*

atentar em
dar conta *, ponderar **:
* *De repente **atentei no** que diziam à minha volta.*
** ***Atenta no** que te dizem, antes de te decidires.*

atrever-se a
ousar, tentar:
*O aluno que **se atrever a** usar cábula será punido.*

auferir de
obter, possuir:
*Os empregados daquela fábrica **auferem de** regalias únicas na região.*

avaliar em
atribuir valor, preço:
***Avaliaram-me** o anel **em** mil euros.*

avisar de
advertir, chamar a atenção:
*Não me **avisaram da** alteração do horário.*

B

banir de
afastar, expulsar:
*Os rapazes **baniram do** grupo os que consideravam traidores.*

barafustar contra
protestar:
*Os rapazes **barafustaram contra** a segregação de que se achavam vítimas.*

bater-se por
lutar por:
***Bato-me por** esta ideia, porque acredito nela.*

beneficiar de
favorecer, melhorar, usufruir:
*Esta escola **beneficiou de** algumas obras e agora **beneficiamos** nós **de** melhores condições de trabalho.*

brigar com
altercar *, destoar **:
* *Vocês não param de **brigar** um **com** o outro.*

** *Para o meu gosto, o vermelho **briga com** o amarelo.*

brindar a
beber à saúde ou em obséquio de alguém:
*Vamos todos **brindar ao** sucesso deste trabalho!*

brindar com
ofertar:
*O diretor **brindou** os funcionários **com** uma grande festa.*

brotar de
nascer, sair com ímpeto:
*Na primavera **brotam do** solo as mais lindas flores silvestres.*
***Brotavam-lhe do** pensamento imagens poéticas, com que nos deliciava.*

bulir com
causar incómodo, perturbar:
*Aquela agitação **bulia com** a minha ânsia de sossego.*

C

calcular em
avaliar:
***Calcularam em** cinco mil as vítimas mortais do terramoto.*

canalizar para
dirigir ou encaminhar:
*Era importante que se **canalizassem** mais verbas **para** o sector do ensino.*

*Todos os esforços devem, agora, **ser canalizados para** salvar os náufragos.*

candidatar-se a
propor-se como candidato *, aspirar a **:
* *Já **te candidataste à** vaga?*
** *Bem que **te candidatavas ao** vencimento dos ministros!*

capacitar-se de
convencer-se, persuadir-se:
*Finalmente, o João **capaci-tou-se de** que podia vencer o obstáculo.*

caracterizar-se por
apresentar determinadas características:
*O espetáculo **caracterizou-se por** um ritmo vivo.*

carecer de
não possuir, estar falho de, precisar:
***Careces de** razão para te impores.*
*A tua alimentação **carece de** variedade.*

ceder a
não resistir, transigir:
***Cedeste às** pressões e agora sentes-te mal com a tua consciência.*

ceder em
fazer algumas cedências:
***Cedi** apenas **em** aspetos menos importantes.*

celebrizar-se por
notabilizar-se em:
*Camilo **celebrizou-se pelas** suas sátiras mordazes.*

censurar por
criticar, recriminar:
*O meu pai **censura-me pela** minha falta de empenhamento no que faço.*

cercar de
envolver, rodear:
***Cercaram de** polícias todo o bairro.*
*A minha mãe sempre me **cercou de** ternuras!*

certificar-se de
averiguar, verificar:
*O jornalista **certifica-se da** veracidade dos acontecimentos antes de fazer a notícia.*

cessar de
acabar, deixar de:
*Foi tão empolgante o discurso que os aplausos não **cessavam de** soar.*
***Cessa de** te culpabilizares!*

circunscrever a
limitar, delimitar:
*O diretor **circunscreveu** o espaço de trabalho **à** sala.*

clamar por
implorar, exigir:
*Os manifestantes **clamavam por** justiça social.*

coadunar-se com
adequar-se, harmonizar-se:
*A minha roupa não se **coaduna com** a circunstância.*

coagir a
obrigar, forçar:
*Não podes **coagir-nos a** esse horário.*

coibir de
impedir *, inibir **:
* *A lei **coíbe de** fumar em espaços fechados.*
** *A timidez **coibiu**-me **de** lhe falar.*

coincidir com
ser igual *, acontecer ao mesmo tempo **:
* *Os teus gostos não **coincidem com** os meus.*
** *O temporal **coincidiu com** o início da festa.*

colaborar com
trabalhar em comum:
Colabora com os teus colegas.

colaborar em
participar em:
Colaboro neste estudo, porque o acho importante.

coligar-se com
aliar-se:
O grupo A coligou-se com o B para reforçar a sua capacidade de intervenção.

começar a
principar, dar início a:
Começámos a perceber o que se passara.

começar por
fazer em primeiro lugar:
Os jovens começaram por explicar quais eram as suas intenções.

compadecer-se com
harmonizar-se, coadunar-se:
Não me compadeço com a mentira.

compadecer-se de
condoer-se:
Compadeces-te dos desprotegidos mas não ages.

compelir a
forçar, levar a:
A população, ameaçadora, compeliu a polícia a prender o suspeito.

compensar de/por
contrabalançar, recompensar:
Não sei se posso compensar-te dos (pelos) sacrifícios que fizeste por mim.

comprometer-se a
responsabilizar-se:
O professor comprometeu-se a rever a prova.

concernir a
dizer respeito, referir-se:
Conta comigo no que concerne a essa matéria.

conciliar com
harmonizar:
A tua atitude não se concilia com as responsabilidades que assumiste.

concordar com
ter a mesma opinião:
Pai e filho dificilmente concordam um com o outro.

concordar em
assentir, consentir, estar de acordo:
Todos concordam em que o maior problema estava resolvido.

condescender em
ceder, transigir:
Condescendi em deixá-lo passar à minha frente.

condicionar a
limitar:
O patrão condicionou o feriado a uma contrapartida por parte dos trabalhadores.

confinar com
pegar com, ter limites comuns:
Moçambique confina com a República da África do Sul, a Rodésia e o Malawi.

confinar-se a
limitar-se:
Confinaste-te a confirmar o que já se sabia.

conotar com
aproximar de, identificar:
Conotaram-te com a ideologia de direita.

consentir em
autorizar, tolerar:
Consenti em que me integrassem naquele grupo e em participar no inquérito.

consistir em
resumir-se a:
O seu problema consiste na falta de vontade.

contender com
chocar, brigar:
Os meus interesses contendem com os teus, por isso, contendemos muitas vezes um com o outro.

contentar-se com
satisfazer:
Contento-me com uma ida por mês ao cinema.

continuar a
manter:
O Alberto continua a treinar andebol.

contrapor a
opor:
O meu irmão contrapõe, muitas vezes, ao meu sonho a sua experiência.

contrastar com
contender com, fazer oposição:
A tua frieza contrasta com a minha ternura.

convencer a
persuadir, levar alguém a correr para:
Convenceram-me a falar.

convencer de
persuadir, fazer acreditar:
O Carlos convenceu a irmã de que tinham ganho o concurso.

convergir em
tender para o mesmo ponto:
As nossas ideias convergem no essencial.

converter-se a
mudar de opinião:
Muitos árabes converteram-se ao cristianismo.

converter-se em
transformar-se:
A alegria converte-se em choro quando mal nos precatamos.

convocar para
chamar para uma reunião, mandar comparecer:
Convocaram os delegados para um conselho pedagógico extraordinário.
Convocámo-lo para expor o que sabe sobre a ocorrência.

culminar em
chegar ao ponto mais elevado:
A discussão culminou numa briga corpo a corpo.

cumprir com
concretizar, satisfazer o prometido:
Cumpri com o estabelecido.

D

dar com
encontrar:
*Já **deste com** o erro?*

dar em
acabar em, originar:
*Tanta compreensão pode **dar em** irresponsabilidade!*

dar para
servir *, situar-se de fronte **, resultar ***:
** Este quarto **dá para** os dois.*
*** A minha rua **dá para** o largo.*
**** Agora **deu-te para** seres teimoso!*

dar por
aperceber-se *, considerar **:
** Não foi fácil **darmos pelo** erro.*
*** **Damos por** concluídas as obras.*

debater com
discutir:
*O assunto **foi debatido com** todos os interessados.*

debater-se com
lutar, estar em dificuldade:
*A empresa **debatia-se**, há muito, **com** enormes dívidas.*

debruçar-se sobre
inclinar-se *, estudar **:
** Não **te debruces sobre** o corrimão!*
*** O conferencista **debruça-se sobre** a violência escolar.*

dececionar-se com
sofrer desapontamento:
*O público **dececionou-se com** o jogo, que foi medíocre.*

decidir-se a
tomar uma resolução:
*Todos nós nos **decidimos a** abandonar a sala.*

decidir-se por
optar:
*O aluno **decidiu-se por** outro curso para conseguir entrar na universidade.*

decorrer de
resultar:
*A minha dúvida **decorre do** teu comportamento ambíguo.*

defrontar-se com
enfrentar situação difícil:
*Os sitiados **defrontaram-se com** a falta de água e alimentos.*

degenerar em
alterar para pior:
*A conversa **degenerou em** violenta discussão.*

deixar de
não continuar:
*Os dois amigos **deixaram de** se falar.*

deixar-se de
pôr fim a uma situação:
***Deixei-me de** noitadas, porque me abalavam fisicamente.*

delegar em
fazer-se substituir, incumbir:
*O pai **delegou na** filha a representação da família na cerimónia.*

deleitar-se com/em
deliciar-se:
***Deleito-me com** o pôr do sol, no outono. Tu **deleitas-te na** contemplação de um mar tempestuoso.*

deparar com
achar diante:
*Ao entrar na sala, a Rosa **deparou com** o ex-namorado.*

depor contra
prestar declarações desfavoráveis:
*A testemunha **depôs contra** o réu.*

depor por
prestar depoimento favorável:
*Vou **depor pelo** Carlos, hoje.*

desafiar a
incitar, provocar:
*Os colegas **desafiaram-no a** dizer a verdade.*

desafiar para
convidar:
***Desafio-te para** uma longa caminhada à beira-mar.*

desajustar-se de
separar-se, transtornar-se:
*Com a velocidade do movimento, as peças **desajustaram-se** umas **das** outras.*
*No meio desta confusão, **desajustaram-se-me** as ideias!*

desavir-se com
brigar, zangar-se:
*A minha irmã **desaveio-se comigo** por ciúmes tolos.*

descambar em
resultar desfavoravelmente:
*Afinal, a festa **descambou numa** maçadoria.*

descender de
proceder por geração, ter origens:
*Filomeno **descendia de** família portuguesa, pelo lado da mãe.*

descrer de
deixar de acreditar, perder a fé:
***Descreio das** grandes causas, porque os homens são individualistas.*

desdenhar de
desvalorizar, desprezar:
*A Joana **desdenhou do** apoio da irmã.*

desentender-se com
desavir-se, zangar-se:
*As famílias **desentenderam-se** uma **com** a outra, por causa dos filhos.*

desfazer-se de
despojar-se, livrar-se:
***Desfizeram-se das** propriedades e emigraram.*

desfazer-se em
ser exagerado em manifestações:
*A jovem **desfazia-se em** requebros de sedução.*

desfrutar de
usufruir:
*Aquele empresário **desfruta de** uma boa reputação.*

desgostar de
perder o gosto por:
***Desgostei do** trabalho por ser mal remunerado.*

desiludir-se com
dececionar-se:
***Desiludiu-se com** os estudos e foi trabalhar.*

desiludir-se de
perder a ilusão:
***Desiludimo-nos de** partir para África, por causa da guerra.*

desinteressar-se de
perder o interesse, o gosto:
Desinteressei-me dos estudos musicais.

desistir de
renunciar a, abandonar:
Desisti das férias no Algarve.
Desisti do curso de Medicina.

desobedecer a
não obedecer:
O condutor desobedeceu ao sinal de código.

despenhar-se em
cair de alto sobre:
O carro despenhou-se na ribanceira.

despertar para
estimular, ficar estimulado:
Aquele concerto despertou-o para a música.
Despertaste para a vida bem cedo.

despojar-se de
privar-se, renunciar:
Despojou-se dos bens e entrou para um convento.

destacar-se de
salientar-se, distinguir-se:
A Teresa destacava-se das amigas pela sua simpatia para com todos.

destinar-se a
dirigir-se a *, estar destinado **:
* Este comboio destina-se ao Porto.
** Este equipamento destina-se à nossa escola.

destituir de
afastar, despromover:
O diretor foi destituído do cargo, por incompetência.

destoar de
não se harmonizar:
O grupo destoava do ambiente, pelo seu comportamento extravagante.

desvincular de
desligar:
Os colegas desvincularam o Pedro da decisão tomada, para não o violentarem.

deter-se a
demorar-se:
Detive-me a observar aquela movimentação.

deter-se em
demorar-se, reter-se:
Deteve-se em considerações desnecessárias.

determinar-se a
decidir-se:
Determinaram-se a recuperar todo aquele espaço.

dever-se a
ter como causa:
O acidente deveu-se ao mau piso da estrada.

diferenciar (-se) de
distinguir (-se):
O professor diferenciou-o dos colegas.
Gostamos de nos diferenciar dos outros.

diferir de
ser diferente, divergir:
A linguagem dos teus pais difere da tua, por pertenceres a outra geração.

dignar-se a
haver por bem:

*O casal **dignou-se a** receber o visitante pela sua simpatia e cordialidade.*

diluir em
dissolver:
***Diluiu** o pó **num** copo de água.*

diplomar-se em
graduar-se em estabelecimento de ensino:
***Diplomou-se em** Filologia Clássica.*

discordar de
não concordar, divergir:
*A aluna **discordou do** ponto de vista do professor.*

disparar contra
fazer fogo com uma arma, atirar:
*Assustada, **disparou contra** aquele vulto.*

dispersar-se por
estender-se * espalhar-se **:
* *Ao elaborar o trabalho, **dispersei-me por** vários assuntos, o que não é bom.*
** *Os manifestantes **dispersaram-se pelas** ruas, iludindo a polícia.*

dispor de
ter à sua disposição, utilizar:
*Hoje, **disponho de** uma situação económica razoável.*

dispor-se a
propor-se, resolver-se:
*Logo **se dispôs** a ajudar-me.*

dissociar de
distinguir, separar:
***Dissocia do** trabalho a tua vida particular.*

dissuadir de
desaconselhar, fazer mudar de opinião:
*A minha mãe conseguiu **dissuadir-me da** minha intenção de emigrar.*

distanciar-se de
afastar-se:
*O António está a **distanciar-se** demasiado **de** nós.*

distar de
estar a certa distância:
*A minha aldeia **dista** cerca de oito quilómetros **da** Lagoa Comprida.*

distrair-se a/com
ficar desatento, entreter-se:
***Distraiu-se a** brincar, ou **com** a irmãzita.*

distrair de
desviar a atenção de:
*O trabalho **distrai-me dos** meus problemas familiares.*

distribuir por
dar, repartir, espalhar:
*Vou **distribuir por** cada um de vós um questionário.*
***Distribuía** sorrisos **por** todo o lado.*

divergir de
desviar-se do ponto de partida, discordar:
*Este é um assunto que já **diverge** em muitos aspetos **do** tema inicial.*
*A tua proposta **diverge** muito **da** minha.*

divertir-se a/com
entreter-se:

*Enquanto o João **se diverte a** fazer palavras cruzadas, a irmã **diverte-se com** a leitura das anedotas da semana.*

dividir em
partir * , separar **:
* **Divide** o bolo **em** partes.
** **Dividiu** os alunos **em** dois grupos.

dividir por
distribuir:
Dividiu os alunos **por** grupos.

doutorar-se em
obter o grau de doutor:
*O Pedro já **se doutorou em** Direito.*

duvidar de
desconfiar * não acreditar **:
* **Duvido deste** sujeito, mas posso estar enganada.
** **Duvidou da** nossa capacidade de resposta.

E

ecoar por
fazer eco, refletir-se, soar:
*O som das trombetas **ecoou por** todo o acampamento.*

elevar-se a
crescer, importar:
*O preço das vendas **eleva-se a** quantitativos insuportáveis.*

elogiar por
tecer elogios, gabar:
*O professor **elogiou** o grupo **pela** solidariedade revelada em relação ao Pedro.*

elucidar sobre
informar, esclarecer:
*És capaz de me **elucidar sobre** as regras do concurso?*

emanar de
provir, sair de:
*Todos os dias **emanam** comunicados **do** quartel-general, para suster os tumultos.*
***Emanam do** bosque perfumes exóticos e inebriantes.*

embater contra/em
chocar, esbarrar:
*O barquito **embateu contra** uma rocha e desfez-se.*
*Fui **embater no** passeio, para evitar o atropelamento.*

embirrar com
antipatizar, implicar:
*O chefe **embirrou comigo** e não sei porquê!*

emboscar-se em
esconder-se, armar cilada escondendo-se:
*Os assaltantes **emboscavam-se naquelas** rochas.*

embrenhar-se em
absorver-se, meter-se em:
*O Ramos **embrenha-se** cada vez mais **nos** negócios e esquece a família.*
*Os rapazes **embrenharam-se naquele** imenso parque e foi difícil encontrá-los.*

embrulhar com/em
envolver:
*O vendedor **embrulhou** as roupas **em (com)** papel apropriado à época natalícia.*

emigrar para
ir viver para outro local ou país:
*A Maria **emigrou para** a França.*
*Certas aves **emigram para** África no inverno.*

emocionar-se com
sentir emoção, comover-se:
***Emocionaram-se** muito **com** a vitória do seu compatriota.*

emparceirar com
associar-se, fazer parceria:
***Emparceira com** a Joana nesta dança.*

empenhar-se em
desenvolver esforços, envolver-se:
*Se **te empenhares**, este ano, **nos** estudos, vencerás esse desencanto.*

empolgar-se com
entusiasmar-se, comover-se fortemente:
*O autor **empolgou-se com** os aplausos e não parava de agradecer.*

enamorar-se de
apaixonar-se:
*Desde que **me enamorei do** Pedro, não penso em mais nada!*

encantar-se com
enlevar-se, fascinar-se:
***Encantei-me com** o fascínio que irradiava daquele olhar.*

encarar com
enfrentar:
*Custa-te **encarar comigo**, por problemas de consciência.*

encarregar (-se) de
confiar uma tarefa, incumbir:
*A professora de Biologia **encarregou** um grupo de alunos **de** recolher plantas variadas.*

encher com/de
tornar cheio, ocupar:
*Os homens **encheram** o buraco **com** o entulho das obras.*
***Enche-me** o copo **de** água, por favor?*

encher-se de
reforçar * fartar **:
** O professor **encheu-se de** paciência e falou novamente.*
**** **Enchi-me deste** ambiente de intriga, vou-me!*

endereçar a
dirigir, enviar:
***Enderecei** o pedido **ao** diretor-geral.*

endossar a
transferir para a responsabilidade ou conta de outrem (um encargo, pagamento, etc.) *, escrever o nome no verso de um documento comercial ou título de crédito **:
** **Endosso-te** (a ti) a responsabilidade desta resposta.*
**** **Endossa-me** (a mim) o cheque.*

enganar com
iludir, esconder:
*O Pedro **enganou** o amigo **com** aquelas falinhas mansas.*
*A mãe **enganava** a dor **com** o trabalho.*

enganar-se em
cometer erro ou falta, equivocar-se:
Enganou-se no *nome da rua.*

engraçar com
simpatizar:
*A criança **engraçou contigo**.*

entender de
perceber, ter experiência ou conhecimento de:
*Tu, que **entendes de** música, fala-me dessa peça.*

entender por
interpretar, traduzir:
*Diz-me o que **entendes por** efeitos terciários.*

entender-se com
ocupar-se de, resolver *, relacionar-se **:
* ***Entendeste-te com*** *o rapaz que apresentou a queixa?*
** *O professor **entende-se** muito bem **com** a turma.*

entregar-se a
deixar de resistir *, consagrar-se **:
* *Os pais **entregaram-se à** dor e nem receberam os amigos.*
** *Vou **entregar-me a** este estudo até ao Natal.*

enveredar por
seguir uma determinada direção:
*O Hélder **enveredou pelas** matemáticas, por influência da família.*

envergonhar-se de
acanhar-se, sentir vergonha:
*Não **te envergonhas do** que fizeste ontem?*

envolver-se em
incluir-se, comprometer-se *, enredar-se **:
* ***Envolveu-se na*** *investigação do caso, com êxito.*
** *A empresa **envolveu-se em** negócios escuros.*

equiparar a
comparar, igualar:
*O meu curso **é equiparado a** um bacharelato.*

equivaler a
ter igual valor:
*O 2.º ano do curso complementar noturno **equivale ao** 11.º ano.*

escarnecer de
troçar:
*A garota **escarnecia do** pobre tolo.*

escorrer de/por
correr um líquido, fluir:
Escorria das *folhas um líquido viscoso.*
*A humidade **escorria pelas** paredes da casa abandonada.*

escudar-se em
apoiar-se, proteger-se:
*Certos cidadãos **escudam-se na** ambiguidade das leis para justificar incorreções.*

escusar de
não necessitar, evitar:
Escusas de *sair, podes ficar.*
Escusas de *me suplicar, que não te deixo sair.*

escusar-se a
esquivar-se, negar-se:
*Todos **se escusaram a** revelar o nome do culpado.*

esforçar-se por
fazer por, empenhar-se em:
*O intruso **esforçou-se por** passar despercebido.*

esgueirar-se de
afastar-se, fugir sorrateiramente:
***Esgueira-te da** sala logo que puderes.*

especializar-se em
dedicar-se a uma especialidade:
*O Pedro **especializou-se em** cirurgia.*

especular sobre
comentar-se:
***Especulou-se** muito **sobre** o incêndio do Chiado.*

esperar por
aguardar:
***Esperavam pela** chegada do correio.*

esquivar-se a
evitar, fugir a:
*A Berta **esquivava-se a** responder às questões.*

estafar-se a/com
fatigar-se:
***Estafei-me a** limpar a casa.*
***Estafei-me com** estas andanças.*

estar a
exprime ação durativa:
*O homem **está a** caiar os muros.*

estar para
exprime a iminência de um acontecimento:
*O avião **está para** chegar.*

estar por
indica que uma ação que deveria ter sido realizada ainda não o foi *, ser favorável, apoiar **:
* *E o meu trabalho **está por** fazer!*
** ***Estamos por** ti, podes estar certo, amigo.*

estimular a
entusiasmar, incitar:
*O ambiente agradável **estimula ao** trabalho.*

estremecer com/de
assustar-se, tremer:
***Estremecemos com** o receio das represálias.*
***Estremeço de** susto, mal o vejo.*

estribar-se em
apoiar-se, firmar-se:
*O professor **estribou-se no** regulamento interno, para justificar a sua exigência.*

evadir-se de
escapar-se, fugir:
*O recluso **evadiu-se da** prisão, esta noite.*

evidenciar-se em/por
salientar-se, sobressair:
*A Rosa **evidencia-se no** trabalho **pelo** empenhamento que revela.*

exceder-se em
levar ao excesso *, apurar-se **:
* *O funcionário **excedeu-se nas** palavras.*
** ***Excedes-te em** requintes!*

excluir de
retirar *, não admitir **:

* **Fui excluído da** lista, por lapso.
** O aluno **foi excluído da** frequência, por excesso de faltas.

exemplificar com
dar exemplos:
Tenta **exemplificar com** um caso recente o que afirmas.

exonerar de
demitir *, desobrigar **:
* **Foi exonerado da** Direção por incompatibilidade com outras funções.
** **Exoneraram-me de** todos os encargos, por período temporário.

exortar a
aconselhar, incitar:
Exorta o teu filho **a** terminar o curso.

expandir-se por
estender-se, difundir-se:
A doença **expandiu-se por** toda a aldeia.
Hoje, as notícias **expandem-se pelo** mundo, num instante.

expulsar de
mandar sair, banir:
A polícia **expulsou do** largo os manifestantes.
O traidor **foi expulso do** grupo.

extasiar-se a/com
encantar-se, maravilhar-se:
O pequenito **extasia-se a** ouvir histórias.
Extasio-me com a magia da música barroca.

F

falar a
comunicar *, cumprimentar **:
* **Fala a** todos com a mesma simpatia.
** Já **falaste à** senhora, filha?

falar com
conversar:
Gostei de **falar com** os teus amigos.

falar de/sobre
referir-se, explanar conhecimentos:
Já **falaste do (sobre** o) que aconteceu?
O professor **fala dos (sobre** os) Descobrimentos, com entusiasmo.

falar por
tomar a palavra em vez de outro:
O delegado de turma **falou pelos** colegas.

familiarizar-se com
adaptar-se, aclimatar-se:
As crianças **familiarizam-se com** novas situações ou espaços.

fartar-se de
satisfazer-se *, cansar-se **, perder o gosto por ***:
* Este verão **fartei-me de** nadar!
** **Farto-me de** esperar por ti, todos os dias.
*** **Fartou-se do** piano, diz ele!

fazer de
fingir, representar:
*O mendigo **faz de** cego, mas não é!*
*Este ator **fazia de** bruxa numa peça de Gil Vicente.*

fazer por
esforçar-se:
***Faz pela** vida, que o proveito é teu!*

fiar-se em
acreditar, confiar:
***Fia-te no** que te digo!*

filiar-se em
inscrever-se num agrupamento ou partido:
*Vou **filiar-me neste** movimento ecologista.*

forçar a
obrigar, impor:
*A doença **forçou-me ao** repouso.*

formar-se em
licenciar-se *, educar-se **:
* *Este ano **formam-se em** Medicina muitos estudantes.*
** *Muitos espíritos **se formaram** nas ideias da Reforma.*

fruir de
desfrutar, gozar:
*No verão posso **fruir do** silêncio dos campos na minha aldeia.*

fugir a/de
evitar, escapar-se:
***Fujo das** situações que me embaraçam.*
***Foges à** questão, porque te compromete.*

furtar-se a
evitar, esquivar-se:
***Furtámo-nos ao** encontro, que seria doloroso.*

G

gabar-se de
enaltecer-se:
***Gabava-se de** uma competência que ninguém lhe reconhecia.*

gostar de
apreciar *, sentir afeto **:
* ***Gosto de** assistir a concertos nas ruínas do Carmo.*
** ***Gosto** muito **das** crianças, mesmo sendo traquinas.*

gozar com
gracejar, troçar de:
*Não **gozes comigo**, que estou bem assustada.*

gozar de
usufruir:
*Este médico **goza de** grande prestígio.*

gracejar com
dizer gracejos:
*A minha avó gostava de **gracejar com** todos.*

guarnecer com/de
enfeitar *, munir **, fortalecer ***:
* *Vou **guarnecer** o lençol **com (de)** rendas e bordados.*
** *A minha dispensa está bem **guarnecida de (com)** doces, cereais e outros alimentos.*
*** *A cidade **foi guarnecida de (com)** muralhas.*

H

habilitar-se a
candidatar-se, propor-se:
Habilitou-se à bolsa de estudo e ao emprego.

habituar-se a
acostumar-se, adaptar-se:
Já se habituou ao clima da região e a levantar-se cedo.

harmonizar-se com
estar em conformidade:
Os cortinados da sala não se harmonizam com os móveis.

hesitar em
ficar indeciso, vacilar:
O João hesitou em falar ao colega.

hesitar entre
estar indeciso numa opção:
Hoje hesitei entre comprar um livro ou uns sapatos.

honrar com
conceder honra, manifestar estima ou consideração:
Honrou-o com um elogio público.

horrorizar-se com
apavorar-se:
Horrorizou-se com a cena de pancadaria.

I

identificar-se com
sentir semelhança:
A Teresa identifica-se com a ideologia marxista.

igualar-se a
comparar-se, irmanar-se:
Igualaram-se uns aos outros.

ilibar de
reabilitar, isentar de culpa:
O réu foi ilibado do crime.

iludir com
enganar:
Iludiste-me com esse olhar!

ilustrar com
ornar com desenhos, gravuras, etc. *, esclarecer com exemplos **:

* *Os textos são ilustrados com desenhos do Zé.*
** *Ilustra com um caso o que afirmaste.*

imiscuir-se em
intrometer-se:
Não te imiscuas no que só a mim diz respeito.

impacientar-se com
agitar-se, enervar-se:
O pai impacientou-se com a demora do filho.

impedir de
obstar a, não permitir:
Impeço-te de entrares no meu quarto, quando estou a trabalhar.

impelir a
    incitar, levar a:
    *Os amigos do Luís **impeliram-no a** beber, sem pensar nas consequências.*

implicar com
    contrariar, armar discussão:
    *Não **impliques com** o teu irmão, deixa-o em paz.*

importar-se com/de
    dar importância, preocupar-se:
    *Não **se importava de** o ver apático, nem **com** a ameaça de doença.*

imunizar contra
    tornar imune a uma doença:
    *Esta vacina **imuniza-te contra** a gripe.*

incentivar a
    estimular, incitar:
    *Os pais **incentivam** os filhos **a** cuidar da sua vida.*

incidir sobre
    cair sobre:
    *Naquele dia, todas as conversas **incidiam sobre** o mesmo assunto.*

incitar a
    estimular, instigar:
    *Todos o **incitavam a** dizer o poema.*

inclinar-se para
    curvar-se:
    *A planta **inclina-se para** a luz.*

inclinar-se a
    pender:
    *O professor **inclinava-se a** que tivesse sido a Joana a culpada.*

incomodar-se com
    sentir desagrado *, dar-se ao trabalho **:
    * ***Incomodei-me com** a resposta que me deu.*
    ** ***Incomodas-te** demasiado **com** a tua carreira.*

incorrer em
    expor-se, ficar implicado:
    ***Incorrias em** erros graves, pela tua inexperiência e teimosia.*

incumbir de
    encarregar alguém:
    *A mãe **incumbiu-me de** te dar o recado.*

incutir em
    incitar, instigar:
    *Conseguiu **incutir no** amigo a ideia de voltar a estudar.*

indagar sobre
    averiguar, investigar:
    *Vão **indagar sobre** quem esteve na origem do boato.*

indigitar para
    indicar, designar:
    *O Ministério **indigitou-o para** dirigir o inquérito.*

indignar-se contra
    exaltar-se, irar-se:
    ***Indignei-me contra** quem me impedia de passar.*

indispor-se com
    aborrecer-se, irritar-se:
    *O Carlos **indispôs-se com** a família e saiu de casa.*

induzir a
    persuadir, levar a:
    *O psicólogo **induz** a criança **a** dizer o que sente.*

inferir de
deduzir, concluir:
Infiro das tuas palavras que mudaste de opinião.

infestar de
assolar, devastar, invadir:
O cão infestou a casa de pulgas.

influir em
influenciar, contribuir:
O teu empenhamento influiu na decisão do Conselho.

informar-se sobre
indagar:
Os médicos informaram-se sobre os antecedentes da doença.

inibir de
coibir, obstar, impossibilitar:
A situação de inferioridade não me inibiu de reagir.

inquietar-se com
incomodar-se, preocupar-se:
Os pais inquietam-se com a falta de professores.

inquirir sobre
indagar, investigar:
A comissão vai inquirir sobre o que se passou naquela noite.

insistir em
persistir, teimar:
Os alunos insistiam na alteração da data do teste.

insistir com
persistir, teimar:
Não insistas com o teu pai.

insurgir-se contra
revoltar-se:
Os sindicatos insurgem-se contra medidas discriminatórias.

inteirar-se de
obter informação, tomar conhecimento pleno:
O diretor de turma já se inteirou do que se passou na aula de Português.

interceder por
intervir a favor de, pedir:
A mãe intercedeu pela filha junto do pai.

interessar-se por
tomar interesse por:
O Carlos sempre se interessou pela vida animal.

interferir em
imiscuir-se, intervir:
Não interfiras nesta situação, que é melindrosa.

interrogar sobre
fazer perguntas a, questionar:
O professor de História vai interrogar-te sobre a Revolução Francesa.
O diretor interroga-se sobre o que se passou.

intervalar com
alterar, abrir intervalos:
Intervalamos as sessões de trabalho com música sinfónica.

intimar a
convocar, ordenar com autoridade:
O Presidente intimou o aluno a acompanhá-lo ao Conselho Diretivo.

intitular-se de
dar-se a si próprio um título:
A polícia prendeu o indivíduo que se intitulava de médico.

investigar sobre
indagar, pesquisar:
*Os biólogos **investigam sobre** a origem do SIDA.*

investir em
empregar esforço ou dinheiro:
*Já **investi neste** trabalho muito tempo e dinheiro.*

investir contra
atacar:
*A polícia **investiu contra** os manifestantes.*

irritar-se com
exaltar-se, tornar-se colérico:
*Não **te irrites comigo**, que não tenho culpa.*

ir a
dirigir-se a (com pouca demora):
*Na Páscoa **vou à** Serra da Estrela.*

ir de
tomar um meio de transporte:
***Vamos de** metro ou autocarro?*

ir para
movimentar-se para ficar por algum tempo ou definitivamente:
*Muitos portugueses **foram para** o Brasil e outros **para** África.*
***Vamos para** casa.*

ir sobre
acometer, atacar:
*A polícia **foi sobre** o ladrão e apanhou-o.*

irromper por
surgir de repente e com ímpeto:
***Por** entre a multidão **irromperam** ameaças de ataque ao palácio.*

isolar-se de
afastar-se dos outros:
*A Joana e a Teresa **isolam-se da** turma, por elitismo.*

J

jogar com (fig.)
interpretar a seu modo *, funcionar **:
* ***Jogas com** as palavras para me confundir.*
** ***Joguei com** as diversas hipóteses para chegar a este resultado.*

jubilar com
alegrar-se com:
***Jubilámos com** a vitória.*

jubilar de
sentir e manifestar grande alegria:
***Jubilava de** prazer ao ver-se vitoriosa.*

juntar-se a
ligar-se, formar grupo:
*Em má hora **te juntaste a** essa gente.*

juntar-se com (pop.)
amancebar-se, ir viver maritalmente:
***Juntei-me com** o António muito tempo antes de nos casarmos.*

jurar por
prometer solenemente:
***Juro pela** minha saúde que nada direi.*

ladear-se de
rodear-se:
Estás ladeado de boa gente, acredita!

lançar-se a
atirar-se, empenhar-se:
Enquanto o irmão se lançava à aventura, a Rita lançava-se ao trabalho.

lançar-se sobre
atacar:
Os homens lançaram-se sobre o incendiário e lincharam-no.

lembrar-se de
ocorrer ideia ou pensamento, recordar-se:
Lembro-me de tudo o que se passou então.

levantar-se contra
rebelar-se, amotinar-se:
A população levantou-se contra o corte da água na fonte centenária.

libertar de
livrar, soltar *, desobrigar **:
* *Liberta-o do cinto de segurança!*
** *Liberta-me do compromisso, que não consigo satisfazê-lo.*

licenciar-se em
adquirir licenciatura:
Licenciaste-te em Economia?

lidar com
ter contacto, conviver:
Todos os dias lido com os números!

Lido com o meu chefe como com um amigo.

ligar a
unir *, dar atenção **:
* *Agora liga o corpo à saia e está o vestido pronto.*
** *Não ligas aos teus filhos, depois queixa-te!*

ligar com (fig.)
entender-se bem, ter afinidades:
Não ligo com ele. Somos diferentes.

livrar de
defender *, libertar **:
* *Livra-te dos ares, que eu te livrarei dos males.*
** *Livrou-se do serviço militar.*

louvar por
elogiar, atribuir louvor:
O professor louvou-o pelo seu sentido de solidariedade.

lutar com
travar luta *, ver-se a braços com **:
* *Lutavam com as ondas, mas em vão.*
** *Toda a vida lutei com a miséria!*

lutar contra
combater:
Inutilmente lutavam contra a corrente.

lutar por
desenvolver esforços, empenhar-se:
Lutemos por uma sociedade mais justa.

M

magicar em
cismar, pensar:
*Todos os dias **magico no** que aconteceu ao rapaz!*

mandar por
enviar:
***Manda por** telex esta informação.*

mangar com (pop.)
escarnecer, troçar:
*Andas a **mangar comigo** há muito tempo!*

manifestar-se contra
evidenciar desacordo:
*Os sindicatos já **se manifestaram contra** estas leis laborais.*

manifestar-se por
mostrar-se favorável:
*Os trabalhadores **manifestaram-se pela** manutenção da empresa.*

martirizar com
torturar, fazer sofrer:
***Martirizavam-na com** insinuações grosseiras.*

meditar em
pensar, refletir:
***Meditava na** história que acabara de ler.*

meter-se com
desafiar, provocar:
***Metem-se com** o grupo e depois queixam-se!*

meter-se em
encerrar-se *, dedicar-se **, intrometer-se ***:
* *Mete-se em** casa e não convive.*

** ***Meti-me na** política, há já tempo.*
*** *Não **te metas na** vida dos outros!*

meter-se por
entrar, adiantar-se por:
*Os trabalhos **meteram-se pela** noite dentro.*

moderar-se em
comedir-se, evitar excessos:
***Modera-te no** álcool e **no** tabaco e terás mais saúde.*

mofar de
troçar, escarnecer:
*É feio **mofares do** colega!*

moldar-se a
adaptar-se:
*A Rita acabou por **se moldar ao** feitio do João.*

mudar de
passar para outro lado *, substituir **, alterar ***:
* *Mudei de** casa há dois anos. **Mudei de** secção.*
** ***Vou mudar de** roupa.*
*** ***Mudaste de** tom, porquê? Porque, de repente, **mudei de** opinião!*

multiplicar por
aumentar em número:
***Multiplicas** 5 **por** 6 e obténs 30.*

munir-se de
abastecer-se, armar-se:
***Munimo-nos de** armas e víveres.*

namorar com
iniciar uma relação amorosa:
*O Tiago **namora com** a Margarida.*

nascer para
ter predisposição, aptidão, vocação:
***Nasceste para** comediante, não há dúvida!*

navegar por
percorrer um certo espaço (marítimo, fluvial ou aéreo):
*Os marinheiros **navegaram pela** costa africana até chegarem ao Índico.*

necessitar de
ter necessidade, precisar de:
***Necessito de** ajuda vossa.*

negociar com
comerciar *, contratar **:
* ***Negoceio com** japoneses há pouco tempo.*
** *Os sindicatos **negociaram com** empresários a matéria salarial.*

negociar em
fazer negócio em determinada área:
*O meu avô **negociava em** vestuário.*

notabilizar-se por
evidenciar-se, tornar-se notável:
*Mozart **notabilizou-se pela** qualidade e originalidade das suas peças musicais.*

obedecer a
acatar, cumprir ordens *, seguir **:
* ***Obedece aos** teus pais, que te querem bem.*
** ***Obedeci aos** meus impulsos.*

ocupar-se a/com
aplicar a sua atenção, gastar tempo em:
*Às vezes, **ocupo-me a** ler poesia.*
*Nas horas vagas, a Rita gosta de **se ocupar com** costura.*

ocupar-se de
trabalhar, dedicar-se:
*É o meu pai que **se ocupa dos** negócios da família.*

olhar a
tomar em conta:
*A minha mãe não **olhava a** despesas quando se tratava dos nossos livros escolares.*

olhar para
contemplar *, observar **, fitar ***:
* ***Olha para** este quadro!*
** *Atentamente, **olhou para** os dois lados da rua.*
*** ***Olha para** mim e responde!*

olhar por
cuidar, ocupar-se de:
*É nosso dever **olharmos pelos** que nos são queridos.*

opor-se a
impedir *, ser contrário **:

* *O João **opôs-se a** que déssemos o cão.*
** *Sempre **me opus às** tuas aventuras.*

orar a/por
pedir através de orações, rezar:
***Orei por** ti **a** Deus, enquanto andavas na guerra.*

orçar em
ter determinado preço:
*As alterações do gabinete **orçaram em** 300 euros.*

orçar por
calcular a despesa, avaliar:

*O mecânico **orçou por** 200 euros o arranjo da chapa.*

orgulhar-se de
encher-se de orgulho:
*A empresa **orgulha-se da** qualidade do seu produto.*

oscilar entre
variar *, vacilar **:
* *O valor destes carros **oscila entre** os 8000 e os 10000 euros.*
** *Ainda **oscilei entre** Farmácia ou Medicina. Depois decidi-me.*

P

pactuar com
fazer pacto *, transigir **:
* *A família do empresário **pactuou com** os raptores.*
** *Não **pactues** tanto **com** o teu filho.*

padecer de
sofrer, ser doente:
***Padeço de** dores na coluna.*

pagar-se de
receber o pagamento *, vingar-se **:
* *O canalizador **pagou-se** bem **do** arranjo que me fez.*
** ***Hei de pagar-me do** mal que me fizeram.*

pagar por
sofrer as consequências:
*O indivíduo **está a pagar pelo** crime que cometeu.*

parar de
terminar:
*Já **parou de** nevar.*

parecer-se com
assemelhar-se:
*Os filhos **parecem-se com** os pais.*

passar a
começar *, ir ocupar-se de **:
* *Depois da multa **passou a** ter mais cuidado com os sinais de trânsito.*
** *Depois de nos cumprimentarmos, **passámos ao** assunto em questão.*

passar de
ir além de:
*O ponteiro dos quilómetros **passou dos** 100.*
*Não **passava de** uma ingénua no meio daquele grupo.*

passar por
dar a ideia de, parecer:
***Passaste por** inocente e sabes que és a culpada.*

pecar contra
transgredir os preceitos da Igreja:
Pecas contra Deus, se não observares os Mandamentos da Igreja.

pegar-se a (o mesmo que apegar-se a)
servir-se de:
Há pessoas que se pegam à opinião dos outros, em lugar de pensar por si.

pegar-se com
altercar, zangar-se, brigar:
O Carlos pegou-se com o pouco solícito empregado do guichet.

pender para
inclinar-se, ter propensão:
O quadro está a pender para a esquerda.
O Rui pende para as matemáticas, sem dúvida.

pensar em
refletir, meditar:
Todos os dias penso no mesmo, em voltar ao teatro.

perceber de
entender, ter conhecimentos:
Agora já percebo de computadores!

perder-se com (fig.)
perder a capacidade de controlo:
A minha avó perde-se com os netos, faz-lhes as vontades todas.

perder-se de (fig.)
desviar-se *, descontrolar-se **:

* *Perdi-me do que estava a dizer.*
** *Perdeu-se de riso, com as palhaçadas do filho.*

perder-se por (fig.)
gostar muito:
Perco-me por ti e tu nem me vês!

perguntar por
procurar, tentar localizar:
Choroso, o miúdo perguntava pelo cão.

persistir em
insistir, teimar:
O professor persiste na hipótese de um novo teste.

perturbar-se com
perder a serenidade ou o equilíbrio emocional:
Fiquei perturbada com a frieza dos seus gestos.
As crianças perturbam-se com as desavenças entre os pais.

poder com
ser capaz, suportar:
Compra-lhe os sapatos, que podes bem com isso.
A turma não pode com aquele professor! (fig.)

pôr-se a
começar, iniciar uma ação:
O cão pôs-se a ladrar furiosamente.

precaver-se de/contra
acautelar-se, prevenir-se contra:
Em Portugal, não nos precavemos convenientemente do (contra o) frio.

precisar de
necessitar:
Preciso de uma caneta verme-lha.

predispor-se a
dispor-se ou preparar-se de antemão:
O amigo predispôs-se a aju-dá-lo logo que pudesse.

prender-se a (fig.)
afeiçoar-se:
A ama prendeu-se à criança, como se fosse sua.

preocupar-se com
inquietar-se *, ter cuidado **:
* *Estou preocupada com a saúde do meu irmão.*
** *Preocupo-me com a ali-mentação.*

preparar-se para
precaver-se *, estudar para uma prova **, arranjar-se ***:
* *Os vizinhos já se preparam para o frio que aí vem.*
** *Não me preparei para o teste.*
*** *Prepara-te bem para o jan-tar.*

prescindir de
dispensar, passar sem:
Amigo, não prescindo da tua colaboração!

presentear com
dar presente a, brindar:
O diretor presenteou os seus convivas com um amigável discurso.

preservar-se de/contra
defender-se:
Hoje, dificilmente nos preser-vamos da (contra a) poluição sonora.

prestar-se a
dispor-se:
O presidente prestou-se a in-terceder favoravelmente.

prestar para
ter alguma utilidade:
Quando somos velhos, já não prestamos para nada!

prevenir-se de/contra
o m. q. precaver-se.

primar por
distinguir-se, ser primoroso:
A tua irmã prima pela elegân-cia.
Eu primo pela minha honesti-dade!

principiar a/de/por
começar uma ação:
O meu advogado já principiou a (de) preparar a ação.
Principia por ler atentamente o texto.

privar com
conviver intimamente *, tratar de perto **:
* *Privo com os meus vizinhos do rés do chão.*
** *Já privei com essas maté-rias há tempo.*

privar-se de
abster-se, prescindir:
Privo-me de emoções fortes.

proibir de
impedir, opor-se:
A mãe proibia a filha de sair à noite.

prolongar-se por
alongar-se, durar:
A conversa prolongou-se pela tarde toda.

prontificar-se a
dispor-se, oferecer-se:
*O Paulo **prontificou-se a** ajudar a irmã.*

propagar-se a
generalizar-se, transmitir-se:
*O incêndio **propagou-se a** toda a floresta.*

proteger-se de/contra
defender-se:
*O mendigo **protegia-se do** (**contra** o) frio com o sobretudo que lhe dei.*

protestar contra
reclamar, insurgir:
*O velho **protestava contra** a miséria daquela reforma.*

pugnar por
lutar:
*É natural que se **pugne por** melhores condições de vida.*

punir com
castigar:
*A polícia **puniu** o infrator **com** uma multa de 50 euros.*

puxar de/por
tirar, extrair *, forçar a **:
** O João **puxou de** (**pelo**) dinheiro e não nos deixou pagar a conta.*
*** Bem **puxo pela** memória, mas não consigo lembrar-me do nome.*

qualificar de
atribuir qualidade, emitir opinião sobre:
*Imagina que me **qualificaram de** inapto e preguiçoso.*

queixar-se de
manifestar descontentamento *, denunciar **:
** O lavrador **queixa-se do** mau ano que vai para a agricultura.*

*** O Carlos **queixou-se** à polícia **do** roubo do carro.*

questionar (-se) sobre
interrogar (-se) sobre, pôr em causa:
***Questionava-se sobre** o futuro daquelas empresas em declínio.*
***Questiono-me sobre** se é isto que quero para a minha vida.*

raciocinar sobre
pensar, ponderar:
*Vê se **raciocinas sobre** a situação, para encontrar uma saída.*

ralar-se com (pop.)
atormentar-se, inquietar-se:

*Já **me ralei** demais **com** este problema. Acabou-se!*

ralhar a/com
repreender em voz alta:
*A mãe **ralhou à** (**com** a) pequenita, por se ter sujado no quintal.*

reabilitar-se de
obter a sua reabilitação:
*O atleta conseguiu, finalmente, **reabilitar-se da** má imagem que deu há dois anos.*

reagir a
responder a um estímulo:
*O entrevistado **reagiu às** críticas com serenidade.*

reagir contra
opor-se, resistir:
*O aluno **reagiu contra** a insinuação do professor de que tinha copiado.*

reanimar-se com
ganhar novo ânimo:
*O partido **reanimou-se com** os resultados das eleições.*

reatar com
retomar a relação:
*A Xana **reatou** a amizade **com** a Ana, nas férias do Natal.*

rebaixar-se a
humilhar-se:
*Dantes, as mulheres **rebaixavam-se aos** maridos, por deles dependerem economicamente.*

rebelar-se contra
revoltar-se:
*O aluno **rebela-se contra** o professor prepotente.*

recair em
reincidir:
*A conversa **recaía na** Guerra do Golfo, tal era a nossa preocupação.*

recair sobre
incidir (culpas ou responsabilidade):
*As responsabilidades **recaíam sobre** o secretário-geral.*

recear por
temer:
*Os bombeiros **receavam pelo** recrudescimento do incêndio.*

reclamar de
protestar:
*Os funcionários **reclamavam do** atraso dos vencimentos.*

reclamar contra
protestar:
*O povo **reclama contra** as medidas de austeridade.*

reclamar por
exigir, reivindicar:
*Os trabalhadores **reclamaram por** melhores salários.*

recolher a
regressar:
*O rebanho **recolhia ao** redil, quando rebentou a tempestade.*

recolher-se em
abrigar-se:
*O pastor **recolheu-se no** alpendre da capela.*

recompor-se de
retomar a calma:
*Depressa **me recompus do** susto.*

reconciliar-se com
reatar a amizade, pôr-se de bem com *, pôr-se em paz com a consciência **:
** O Luís **reconciliou-se com** o pai.*
*** **Reconciliei-me comigo** própria.*

reconvalescer de
recuperar a saúde:
Já reconvalesci da gripe que apanhei.

reconverter em
converter novamente:
Reconverte o dólar em euros.

recordar-se de
lembrar-se:
Ainda me recordo daquele Natal na Serra da Estrela.

recorrer a
lançar mão de, valer-se de:
Recorri a um empréstimo para comprar a casa.

recorrer de
interpor recurso:
O réu vai recorrer da sentença.

recrudescer de
aumentar *, exacerbar-se **:
* O combate recrudesceu de violência.
** Recrudesci de raiva ao sentir-me impotente perante a situação.

recuar de/perante
fugir, retirar-se:
Recuei da sala, perante a iminência de um encontro desagradável.

redimir-se de
libertar-se:
Confessando, redimo-me dos problemas de consciência.

redundar em
resultar, ser causa de:
A conversa redundou em discussão.

reduzir a
transformar:
A explosão reduziu todo o edifício a escombros.

reduzir-se a
diminuir-se *, limitar-se **:
* Após a exoneração, o ministro reduziu-se à condição de cidadão.
** Reduzi-me a pagar, sem mais comentários.

referir-se a
aludir, fazer referência:
No seu discurso, o primeiro-ministro referiu-se ao êxito da sua política.

refletir em/sobre
meditar, ponderar:
O Pedro refletia no assunto.
A direção do partido refletia sobre o resultado das eleições.

refletir-se em
projetar-se *, transmitir-se **:
* Os efeitos do mau tempo refletiam-se nos preços dos produtos agrícolas.
** A luminosidade do sol refletia-se nas gotas do orvalho.

refugiar-se em
abrigar-se, procurar proteção:
Tive de me refugiar numa loja, por causa da chuva.

regalar-se com
sentir grande prazer:
Regalei-me com um bom jantar.

regenerar-se de
vivificar-se *, reabilitar-se **:
* A minha pele já **se regenerou das** queimaduras.
** O Vítor **regenerou-se do** vício do álcool.

reger-se por
orientar-se, regular-se:
Uma escola **rege-se pelas** leis e **por** um regulamento interno.

regozijar-se com/por
alegrar-se:
Regozijou-se por ter entrado para a faculdade e **com** a alegria dos pais.

regressar de
voltar:
Regressei da aldeia, ontem.

regular-se por
orientar-se:
Regulava-se pelas notas que tinha tomado.

relacionar-se com
ter relação *, travar conhecimento **:
* Este texto **relaciona-se com** o assunto que discutimos.
O Professor **relaciona-se bem com** os alunos.
** Este ano, na praia, **relacionei-me com** uns suecos simpáticos.

relegar para
afastar, banir, repelir:
Fui relegado para o fim da lista e não sei porquê!

rematar com
finalizar, concluir:
O orador **rematou** o discurso **com** um voto de sucesso para todos.

remeter a/para
enviar *, recomendar **, adiar ***:
* Já **remeteste** a encomenda **para** Paris?
** **Remeti** o assunto à apreciação da Direção-Geral.
O problema **foi remetido para** apreciação em Conselho de Ministros.
*** Decidi **remeter** esta leitura **para** as férias de verão.

remeter contra (o mesmo que arremeter)
atacar:
O cão **remeteu contra** nós, com uma fúria de lobo esfaimado.

remeter-se a
referir-se *, entregar-se **:
* Para finalizar, **remeto-me às** minhas primeiras palavras.
** A jovem acusada **remetia-se a** um silêncio, **a** um mutismo defensivo.

remontar a
ir buscar a origem ou a data:
As nossas romarias, que **remontam à** Idade Média, ainda mantêm a tradição da dança no adro da capela.

remunerar por
pagar, gratificar:
O dono da loja **remunerou** o João não só **pelo** trabalho que executou, como **pela** rapidez do mesmo.

renascer para
adquirir nova vida, recuperar forças:
Depois deste interregno doloroso, sinto-me **renascer para** a vida, para o mundo.

render-se a
submeter-se, ceder:
*O Iraque **rendeu-se ao** inimigo.*
*Os rapazes, regra geral, **ren-
dem-se aos** encantos femini-
nos.*

renegar de
afastar, repelir:
***Renego deste** trabalho e **do**
demónio que o inventou.*

renunciar a
rejeitar, desistir de *, abandonar cargo ou função **:
* *Não podemos **renunciar aos**
direitos adquiridos.*
** *O secretário-geral **renun-
ciou ao** cargo por pressão das
bases do partido.*

reparar de
compensar:
*Poderei **reparar** os meus amigos **das** preocupações que
lhes causei?*

reparar em
dar conta de *, observar **:
* *Quando **reparei em** ti, já ias
longe.*
** ***Repara no** labor deste ren-
dilhado.*

repartir com
partilhar:
***Reparte comigo** o teu bolo!*

repartir em
dividir:
*Vou **repartir** o bolo **em** peque-
nos pedaços, para chegar para
todos.*

repartir por
distribuir:
***Reparti** as plantas **pelos** can-
teiros.*

repercutir-se em
refletir-se, reproduzir-se:
*Os efeitos da guerra **repercu-
tem-se nas** tensões sociais.*
*O cântico que o coro entoava
repercutia-se no interior da
velha catedral.*

reportar-se a
aludir, referir-se:
*Para esclarecer a sua decisão,
reportou-se às origens dos
acontecimentos.*

reputar de
avaliar, julgar:
*Os comentaristas **reputaram
de** decisiva, para a solução do
caso, esta reunião a alto nível.*
***Reputo-o de** homem honesto
e sincero.*

resgatar de
libertar:
*Ainda não **foram resgatados
do** inimigo todos os prisionei-
ros.*

resguardar de
proteger:
*Esta capa **resguarda** o carro
da humidade da noite.*

residir em
morar, habitar:
***Residimos em** Oeiras há mui-
tos anos.*

resignar-se a
conformar-se, sujeitar-se:
***Resignei-me a** abdicar do ta-
baco por causa da minha saúde abalada.*

resignar-se com
conformar-se:

*Não **me resigno com** esta situação.*

respeitar a
dizer respeito, ser relativo:
*Não **respeita a** este Conselho decidir sobre a amnistia dos presos políticos.*

respirar por
exercer o fenómeno da respiração:
*Os peixes **respiram por** guelras ou brânquias.*

responder a
dar resposta:
***Respondi às** perguntas com serenidade.*

responder por
responsabilizar-se:
*Toda a turma estava disposta a **responder pelo** desaparecimento do apagador.*

responsabilizar por
atribuir responsabilidade:
*Os funcionários **responsabilizam** a Direção **pelo** caos a que os serviços chegaram.*

ressaltar de
evidenciar, sobressair:
***Ressaltava da** agitação das suas mãos o nervosismo que o dominava.*

ressentir-se com
ofender-se:
*És tão sensível que **te ressentes com** a mais ligeira chamada de atenção.*

ressentir-se de
sofrer o efeito de:
*O bebé **ressentiu-se da** mudança do leite.*

restabelecer-se de
recuperar saúde ou forças:
*O pequenino já **se restabeleceu da** anemia que o enfraquecia há tempo.*

resultar de
advir, ser consequência:
*A subida do petróleo **resultou da** guerra.*

resumir-se a
limitar-se:
*O teu estudo **resume-se a** um breve folhear de livros.*

resumir em
reduzir:
***Resume** o texto **em** poucas palavras.*

retratar-se de
desdizer-se, manifestar publicamente o arrependimento:
*Não mais te receberei, se não **te retratares do** que afirmaste a meu respeito.*

retroverter de/para
retraduzir para o original um texto traduzido:
***Retroverte** este poema **do** Inglês **para** Português.*

reunir-se a
ajuntar-se, agregar-se:
*Esta noite **vou reunir-me ao** grupo, para fazermos os cartazes.*

reunir com
ter reunião:
*O diretor de turma **reuniu com** os alunos, para se cumprimentarem e discutirem problemas de integração escolar.*

reverter a favor de

destinar-se um ganho ao benefício de alguém:

*Com a morte do João, os seus bens **revertem a favor do** lar que o acolheu.*

revoltar-se com/contra

indignar-se, revoltar-se:

***Revoltei-me com (contra)** a ação de despejo movida à pobre família.*

*O povo **revoltou-se contra** a tirania do poder.*

rezar a/por

orar:

*Rezava **à** santa da sua devoção, **pelo** regresso do marido.*

rimar com

formar rima:

*O primeiro verso **rima com** o terceiro.*

rir-se de

achar graça *, escarnecer **:

** **Riu-se das** cabriolices do gato.*

*** **Riam-se das** asneiras do colega, que presumia de sabichão.*

rir-se para

sorrir de simpatia ou contentamento:

*Depois de receber o prémio, a Rosa **ria-se para** a multidão, incapaz de falar.*

riscar de

eliminar, excluir:

***Riscaram-me da** lista dos convidados.*

rivalizar em/com

disputar, procurar igualar:

*O grupo do João **rivalizava em** respostas certas **com** o da irmã.*

rodear com/de

cercar *, envolver **:

** **Rodearam** o estádio **com** um cordão de polícias.*

***Rodearam** o bairro **de** polícias.*

*** Os meus pais **rodeiam-me de (com)** mimos.*

rodear-se de

fazer-se acompanhar, apoiar-se:

*O gabinete **rodeou-se de** bons técnicos, para assegurar o êxito do projeto.*

rogar a/por

o mesmo que orar ou rezar (v.).

romper com

exceder-se, inimizar-se:

***Rompeu com** os amigos, por coisa de pouca monta.*

rotular de

qualificar (fig.):

*Achas justo que me **tivessem rotulado de** ingénua?*

S

saber a

ter determinado sabor:

*A manga **sabe a** resina.*

saber de

ter conhecimento *, ter informações **, procurar ***:

** Tu, que **sabes da** matéria, ajuda-me.*

** **Vou saber do** processo, em que ponto está.

*** **Vai saber do** teu irmão. Sai daqui e não diz para onde vai!

sacar de (fig.)
obter informações:
Saca do teu irmão o que ele souber.

sacar de
puxar, tirar:
Feliz, a Rita sacou da carta de condução e mostrou-a à irmã.

sacrificar a
oferecer em sacrifício, consagrar inteiramente, renunciar a:
A Maria sacrificou a juventude aos cuidados da família.

sacrificar-se a/por
consagrar-se inteiramente, renunciar:
Sacrificou-se à morte pela libertação dos companheiros.

safar de
tirar alguém de situação difícil:
Ainda bem que me safaste daquela confusão.

safar-se de
livrar-se, escapar-se:
O ladrão conseguiu safar-se do cerco da polícia.

sair a
parecer-se:
Até no gosto pela música a Dina sai ao avô.

sair-se com
dizer de forma inesperada:
O aluno saiu-se com uma resposta que fez rir todos.

salientar-se por
sobressair, evidenciar-se:
Os dois rapazes salientavam-se pelas suas intervenções, inteligentes e incisivas.

salpicar com/de
polvilhar:
Salpiquei o caminho das formigas com (de) pó inseticida.

saltar de/para
passar de um lado para o outro dando um salto:
Inesperadamente, saltou da janela para a rua e ninguém mais o viu.

salvar de
livrar de perigo:
O médico salvou-me da morte!

satisfazer-se com
contentar-se:
O miúdo satisfez-se com um sumo e um bolo.

saturar-se de
cansar-se, fartar-se:
Saturei-me daquele ambiente de fumo.

segregar de
afastar:
Segregaram-no do convívio com os outros.

sentir-se com
ofender-se:
A mãe sentiu-se com o que lhe disseste. Pede-lhe desculpa.

separar-se de
afastar-se:
Separei-me dos amigos de infância há muitos anos.

ser contra
ser desfavorável:
*Sempre **fui contra** as touradas.*

ser por
ser favorável:
*Nas discusões do grupo, eu **era pelo** meu irmão, é claro!*

servir de
substituir, valer:
*A toalha branca e bordada **servia de** cortinado.*

servir-se de
utilizar, usar:
*Podes **servir-te do** meu quarto para estudares.*

servir para
ter préstimo:
*Para que **serve** este banco aqui?*

simpatizar com
ter simpatia, gostar, apreciar:
*Simpatizo **com** os meus colegas. São amáveis e divertidos.*

sobrecarregar com/de
obrigar a um esforço exagerado:
*O professor **sobrecarrega** os alunos **com (de)** trabalhos de casa.*

sobrepor-se a
elevar-se acima de:
*A amizade **sobrepõe-se às** dificuldades.*

sobressair de
evidenciar-se, ressaltar:
*Este edifício **sobressai dos** restantes, pela sua monumentalidade.*

sobressaltar-se com
assustar-se:
*Sobressaltou-se **com** o toque inesperado da campainha.*

sobreviver a
resistir a:
*Sobreviveu **ao** mau tempo.*

socorrer-se de
recorrer a:
*Socorri-me **da** cábula para não deixar em branco a resposta.*

sofrer com
ter sofrimento:
*Sofria tanto **com** os exames, que chegava a ter febre.*

sofrer de
padecer:
*O Paulo **sofre de** terríveis dores de cabeça.*

solidarizar-se com
tornar-se solidário:
*Os amigos **solidarizaram-se contigo** e vão ajudar-te com um abaixo-assinado.*

soltar-se de
libertar-se:
*Solta-te **dessa** timidez e fala.*

sonhar com
ter sonhos ou devaneios:
*Esta noite **sonhei contigo**.*
*Sonho tantas vezes **com** viagens a lugares exóticos!*

sorrir de
manifestar sentimentos através do sorriso:
*Sorriu **de** tristeza, como se já se tivesse habituado ao sofrimento.*

sorrir-se de
ironizar:
*A mãe **sorriu-se da** minha perplexidade.*

sorrir para
mostrar um modo risonho:
*Mal a cumprimentei, **sorriu para** mim.*

subir a/para
trepar, elevar-se de um lugar para outro mais alto:
***Subi ao** banco para arranjar a persiana.*
***Subimos**, precipitadamente, **para** o comboio.*

subjugar-se a
submeter-se:
*Dantes, as mulheres **subjugavam-se aos** maridos.*

subordinar-se a
sujeitar-se, obedecer:
*Os interesses particulares **devem subordinar-se aos** gerais.*

substituir por
pôr em lugar de outro:
***Substituíram** o armário de madeira **por** um de metal.*

subtrair a/de
tirar *, furtar **, esconder ***:
* *As empresas **podem subtrair aos** (dos) lucros despesas de representação.*
** ***Subtraíram do** relatório as páginas mais controversas.*
*** ***Subtraíram** a prisioneira **à** curiosidade dos jornalistas.*

suceder a
vir depois, seguir-se:

*D. Sancho I **sucedeu a** D. Afonso Henriques.*

sucumbir a
morrer *, não resistir **:
* *O meu pai **sucumbiu a** um colapso cardíaco.*
** *A pobre criança **sucumbiu ao** peso da carga que a obrigaram a transportar.*

sujar de/com
enodoar, manchar, tornar sujo:
***Sujei de** (com) tinta as minhas mãos.*

sujeitar-se a
o m. q. subjugar-se.

superar em
ultrapassar:
*O Paulo **supera** o irmão **em** rapidez de raciocínio.*

surgir de
aparecer:
*O rato **surgiu do** quintal e entrou na cozinha.*

surpreender com
provocar surpresa:
*A Joana **surpreendia** as colegas **com** as histórias que contava.*

surpreender-se com
ficar surpreso, espantado:
***Surpreendemo-nos com** o choro da Rita.*

suspeitar de
ter suspeitas, desconfiar:
*Logo **se suspeitou do** indivíduo solitário que por ali parava.*

suspirar por
desejar muito:
***Suspiro pelas** férias, como nunca.*

T

tardar a
adiar, demorar-se:
A recuperação deste património **tarda a** *fazer-se.*

teimar em
insistir:
Teimas em *fazer um projeto megalómano, que depois não será aprovado.*

telefonar a
comunicar telefonicamente com alguém:
Telefonaste aos *teus pais?*

telefonar para
ligar telefonicamente para um lugar:
Vou telefonar para *Seia.*

temperar com/de
misturar qualquer substância para dar sabor:
Já **temperei** *a salada* **de** *sal e limão. Agora* **temperas com** *um pouco de óleo.*

tender a
aproximar-se, ter tendência *, ter em vista **:
* *Os termómetros* **tendem a** *atingir os 30 graus.*
** *O inquérito* **tendia a** *recolher informações importantes.*

tender para
pender, ter inclinação:
Estas instalações **tendem para** *uma completa degradação.*

terminar com/em/por
acabar-se *, concluir, rematar **:

* *O espetáculo* **terminou com** *a intervenção do Carlos Paredes.*
O orador **terminou** *a sua intervenção* **em** *termos calorosos.*
** *A renda* **termina com (por)** *uma franja curta.*

testemunhar contra
depor desfavoravelmente:
O funcionário **testemunhou contra** *o aluno que partiu o vidro.*

testemunhar por
depor favoravelmente:
Mas os colegas **testemunharam por** *ele, dizendo que não fora culpado.*

tingir de
comunicar uma cor a:
Vou **tingir de** *preto esta saia velha.*

tirar de
extrair *, sacar de **:
* **Tira da** *gaveta as camisolas de inverno.*
** *Vou tentar* **tirar do** *Pedro alguma informação.*

tiritar com/de
tremer:
O mendigo **tiritava de** *febre* **com** *o frio que fazia.*

tocar a
calhar *, exprime conselho ou ordem (no imperativo) **:
* *Há de* **tocar ao** *Pedro a vez de fazer o relatório.*
** **Toca a** *pintar as paredes!*

233

tocar em

estabelecer contacto físico *, referir-se **:

* *Tocou-lhe suavemente no rosto, como se assim o pudesse ver.*

** *Não toques nesse assunto, que é desagradável.*

toldar-se de

ensombrar-se, obscurecer-se:

Tolda-se de nuvens o céu.

Toldou-se-lhe o rosto de ira. (fig.)

torcer por

ser adepto de, desejar o sucesso ou a vitória:

Torço pelo clube da minha terra.

Os pais torcem sempre pelos filhos.

tornar a

repetir ação *, voltar, regressar **:

* *O meu irmão tornou a emigrar.*

** *Descansa que ele já tornou a casa.*

traduzir de/para

passar de uma língua para outra:

Vamos traduzir poemas de Latim para Português.

trajar de

vestir:

Os convivas trajavam de cerimónia.

transacionar com

o m. q. negociar.

transformar-se em

converter-se *, assumir outra forma **, sofrer forte mudança ***:

* *Finalmente, o amor foi-se transformando numa serena e estranha amizade.*

** *E a crisálida transforma-se em borboleta.*

*** *A brisa da manhã transformou-se num autêntico vendaval.*

transigir com

ceder, condescender:

A polícia não transigiu com o infrator e multou-o.

transigir em

ceder:

Não transijo em questões de princípio.

tratar com

combinar *, relacionar-se **:

* *Para estas obras vou tratar com o Sr. Joaquim.*

** *Trato com os alunos em termos de respeito mútuo e amizade.*

tratar de

cuidar *, decidir, procurar **, debater ***:

* *Trato muito bem dos meus gatos.*

** *Trataram de desmentir as notícias.*

*** *A reunião tratava do orçamento privativo.*

tratar-se de

dizer respeito, consistir:

Trata-se de um assunto confidencial.

tratar por
usar de tratamento:
Normalmente, trato por tu os meus colegas.

tremer com/de
apresentar movimento trémulo:
A criança tremia com (de) medo.

trepar a
subir *, elevar-se ** (fig.):
* *Ainda gosto de trepar às árvores para apanhar fruta.*
** *Trepou a ministro num instante!*

triunfar em
obter sucesso:
A Rosa Mota triunfou em muitas maratonas.

trocar de
mudar, substituir:
Vou trocar de casa. Esta é pequena.

troçar de
o m. q. escarnecer.

tropeçar com
esbarrar (fig.):
Imagina que tropecei com a Luísa no supermercado!

tropeçar em
embater com o pé *, cair em erro, sentir dificuldade **:
* *Caí porque tropecei no passeio.*
** *Nos testes de Inglês tropeço sempre na interpretação do texto (fig.).*

U

unir-se a
ligar-se, solidarizar-se:
Os sindicatos uniram-se uns aos outros contra os despedimentos em massa.

untar com/de
aplicar unto (gordura):
Untaste o tabuleiro com (de) banha?

usar de
utilizar, recorrer:
Não receies usar de franqueza comigo.
Usa de imaginação.

usufruir de
disfrutar, gozar:
Não usufruo de privilégios especiais.

V

vacilar perante
hesitar, oscilar:
Não vacilei perante as insinuações: dei-lhe um estalo.

vacinar contra
aplicar vacina, inocular:
Vacinei o meu filho contra o sarampo.

vaguear por
andar sem rumo, deambular:
Vagueava pela noite, sem desejo de voltar a casa.

valer-se de
socorrer-se:
Vali-me dos apontamentos do ano anterior, para conseguir fazer o teste.

variar de
mudar:
Não tenho variado muito de roupa, mas de humor!

varrer de
fazer desaparecer, fazer esquecer:
Varre do átrio toda a sujidade.
Quero varrer da lembrança aqueles anos de guerra.

vender por
alienar mediante certo preço *, enganar vendendo **:
* Vendia por preços exorbitantes.
** Não vou àquela loja porque "vende gato por lebre".

viajar de
utilizar meio de transporte:
Quase sempre viajo de carro.

viajar por
percorrer lugares ou países:
Desta vez vou viajar pelo Norte do país.

vibrar com (fig.)
entusiasmar-se muito:
Vibro com o futebol, como com nenhum outro espetáculo.

viciar-se em
ganhar vício:
Levaram-no a viciar-se na droga.

vincular-se a
ligar-se, comprometer-se:
Vinculei-me ao projeto e agora não vou arredar-me das responsabilidades.

vingar-se de
tirar vingança de ofensa recebida, desforrar-se, satisfazer-se:
Vingou-se do ridículo em que o meteram.
Já me vinguei da fome que me matava.

vir a
deslocar-se *, acabar por **:
* O presidente de Angola veio a Portugal, em visita particular.
** Creio que o tribunal virá a comutar a pena.

vir de
deslocar-se de um lugar *, utilizar meio de transporte **:
* Os jogadores já vieram do Porto?
** Vim de avião, por ser mais cómodo.

vir para
deslocar-se para permanecer:
Há já muitos anos que vim para o Brasil.

viver com
morar *, subsistir **:
* Ainda vivo com os meus pais.
** Vivo com uma reforma miserável.

viver de
subsistir:
A minha tia vive de rendimentos.

voltar a

o m. q. regressar a *, o m. q. tornar a **:

* A atriz brasileira **voltou a** Portugal para entrar numa peça do Nacional.

** A imprensa **voltou a** falar do caso.

voltar de

regressar em determinado meio de transporte:

Voltaram de autocarro.

voltar para

o m. q. regressar para.

voltar-se para

virar-se:

Volta-te para mim e desabafa!

votar em

eleger através de voto:

Votei na lista do Carlos, porque confio nele.

Z

zangar-se com

aborrecer-se, irritar-se:

A Dina **zangou-se com** o namorado.

zelar por

cuidar, defender:

Os pais **zelam pelos** interesses dos filhos.

zombar de

o m. q. troçar de, rir de.

GUIA PRÁTICO DE VERBOS COM PREPOSIÇÕES
3.ª Ed. Atualizada e Aumentada

Helena Ventura / Manuela Caseiro

120 páginas
ISBN: 978-972-757-796-5

O *Guia Prático de Verbos com Preposições* é, essencialmente, um dicionário de verbos seguidos de preposições. Destina-se a todos aqueles, portugueses e estrangeiros, que queiram melhorar a sua competência na língua portuguesa.

Contém mais de 2000 verbos com preposições e os seus respetivos significados. Cada verbo é ainda acompanhado de uma ou mais frases exemplificativas, em linguagem clara e simples, a fim de facilitar a sua compreensão.

GRAMÁTICA ATIVA 1 – Versão Portuguesa
3.ª Ed. Atualizada e Aumentada

Isabel Coimbra / Olga Mata Coimbra

140 páginas
ISBN: 978-972-757-638-8

A **Gramática Ativa 1** destina-se ao ensino/aprendizagem de Português Língua Estrangeira (PLE) e Português Língua Segunda (PL2) e contempla as principais estruturas dos níveis elementar e pré-intermédio – A1, A2 e B1.

A **Gramática Ativa 1** não está orientada para ser um livro de curso de PLE / PL2. Trata-se de material suplementar, a ser usado na sala de aula ou em casa e, como tal, o livro não deverá ser trabalhado do princípio ao fim, seguindo a ordem numérica das unidades; estas devem ser selecionadas e trabalhadas de acordo com as dificuldades do utilizador/aprendente.

GRAMÁTICA ATIVA 1 – Versão Brasileira

Isabel Coimbra / Olga Mata Coimbra / Lamartine Bião Oberg

140 páginas
ISBN: 978-972-757-640-1

A **Gramática Ativa 1** (versão brasileira) tem como objetivo o ensino de Português Língua Estrangeira (PLE) e Português Segunda Língua (PSL) para pessoas que têm necessidade de comunicar em Português do Brasil. Contém explicações claras e aplicação prática das principais estruturas dos níveis elementar e pré-intermediário – A1, A2 e B1.

A **Gramática Ativa 1** (versão brasileira) não está orientada para ser um livro de curso de PLE / PSL. Trata-se de material suplementar, a ser usado na sala de aula ou em casa e, como tal, o livro não deverá ser trabalhado do princípio ao fim, seguindo a ordem numérica das unidades; essas devem ser selecionadas e trabalhadas de acordo com as dificuldades do utilizador/aprendente.